KB265212

Bright Culture To the World

밝은 문화를 세계로

밝은 문화를
세계로

지 은 이 | 강덕영
펴 낸 이 | 김원중

편 집 주 간 | 김무정
기   획 | 허석기
디 자 인 | 옥미향
제   작 | 박준열, 강준
관   리 | 차정심
마 케 팅 | 박혜경, 이기남

초판인쇄 | 2018년 12월 07일
초판발행 | 2018년 12월 14일

출판등록 | 제313-2007-000172(2007.08.29)

펴 낸 곳 | 도서출판 상상나무
          상상바이오(주)
주   소 | 경기도 고양시 덕양구 행주산성로 5-10
전   화 | (031) 973-5191
팩   스 | (031) 973-5020
홈페이지 | http://smbooks.com
E - m a i l | ssyc973@hanmail.net

ISBN 979-11-86172-49-0(03230)
값 12,000원

Bright Culture To the World

밝은문화를
세계로

강 덕 영 지음

상상나무

기독교인의 바른 정체성과 가치관

지난 2016년 봄, 극동방송으로부터 요청을 받고 시작된 방송칼럼이 벌써 3년여가 다 되어 갑니다. 평소 신앙칼럼을 많이 써 왔고 책도 여러 권 냈으니 방송칼럼 진행도 어렵지 않을 것으로 판단했습니다.

그런데 막상 칼럼이 아침 출근시간에 방송되다 보니 의외로 많은 분들이 차 안에서 제 칼럼을 들었다는 이야기를 듣고 새삼 방송의 영향력을 실감했습니다.

더구나 전국 곳곳에 제 목소리가 전파를 타고 나간다니 기독교인은 물론 기독교를 안 믿는 분들에게도 기독교의 바른 가치관과 정체성을 알리는 계기로 삼아야 한다는 사명감을 갖게 되었습니다.

그래서 방송칼럼 준비와 매달 한 차례 진행되는 녹음에 나름대로 신경을 많이 쓰며 열심히 해 오지 않았나 싶습니다. 이번 칼럼집은 극동방송의 아침생방송 '좋은 아침입니다'의 방송원고 140여편 중에서 80편을 추려낸 것입니다.

방송칼럼의 타이틀이 '종교인과 신앙인'이 된 것은 주변에 형식적으로 예수를 믿는 종교인은 많은데 하나님을 뜨겁게 만나고 성경의 가르침대로 사는 신앙인은 많지 않다고 보았기 때문입니다.

칼럼 내용은 제가 평소 늘 강조해온 것들입니다. 크리스천이라면 신앙생활을 하며 한번쯤 고민하고 답을 찾았으면 하는 내용들을 주로 다루었습니다. 제 주변 이야기와 사업이야기도 많이 포함 되었습니다.

요즘 세상은 엄청나게 빠른 변화를 거듭하고 있습니다. 며칠 사이에도 획기적인 발견과 발전이 이어지고 있습니다.

그러나 영원히 변치 않는 것이 있습니다. 바로 '복음의 본질'입니다. 하나님을 통한 인류구원의 역사를 확고히 믿으며 내게 부여해 주신 '삶의 목적'을 잘 실현하고 실천해 나가는 것이 하나님께서 각 자에게 주어진 사명이 아닌가 합니다.

녹음한 극동방송 칼럼들을 잘 편집해준 송옥석 PD와 박광현 편성국장, 한기붕 사장께 감사드리며 이를 책으로 잘 기획해 준 상상나무 김원중 사장과 편집진에게도 고마움을 전하고 싶습니다.

2018년 12월15일 강덕영

Contents

"너의 행사를 여호와께 맡기라
그리하면 너의 경영하는 것이 이루리라"(잠16:3)

복음의 진리를 찾아서

01

크리스천이 가져야 할 신앙관

세상의 모든 지혜가 성경에 담겨 있기에 믿음은 이 세상을 바꾸는 힘이며 내 생각과 행동과 모든 것을 주관해 주실 것을 하나님께 고백하게 됩니다.

크리스천이라면 꼭 가져야 할 신앙관을 이야기해 보고자 합니다. 요즘 세계는 급변하고 있습니다. 며칠 사이에도 새로운 정보와 기술이 선보이며 현대인들을 놀라게 합니다. 그래서 요즘 시대를 살아가는 현대인의 화두는 세계화 입니다.

서구 문명이 세계의 중심이 되면서 그들의 종교인 기독교가 세계화의 중심이 됐습니다. 기독교를 믿지 않아 세계화에서 빠진 중국, 인도, 몽골 등의 국가는 선진대열에서 빠져 있습니다. 지구촌에서 세계화는 해도 되고 안 해도 되는 선택사항이 아니라 민족과 국가의 존망을 좌우하는 필수 사항이 되고 있는 것입니다.

그런데 이 세계화의 중심 사상은 퓨리터니즘, 즉 청교도 정신입니다. 청교도 정신은 곧바로 기독교의 핵심 사상으로 직업은 귀천이 없고 성직과 같다는 것입니다. 근면 절약하는 생활, 정직한 삶을 추구하며 재산은 하나님의 것이라는 생각이 청교도 정신의 기저를 이루고 있습니다. 바로 청교도 정신이 바로 미국과 캐나다 등 서구정신을 유지하는 기본이 되어 왔습니다.

우리나라도 불교와 유교의 정신문화에서는 그토록 외세의 침략을 당하고 고통가운데 있었는데 선교사들의 복음을 전해 준 이후 지금은 복음선진국이 되어 하나님의 축복 아래 번영을 누리고 있습니다. 기독교를 받아들였기에 현재 국민소득 3만달러를 바라보며 세계 경제 11대 강국이 됐음을 기억해야 합니다.

이러한 시대 상황 속에서 우리는 크리스천이 된 것에 자부심과 긍지의 신앙관을 가져야 합니다. 그래서 주위에 왜 크리스천이 되었는가에 대한 간증을 나누고 크리스천으로서의 좋은 점을 자주 이야기 할 필요가 있습니다.

세계화 크리스천이 되려면 예수 그리스도의 정신으로 무장해야 합니다. 성경을 모르면 유대교, 이슬람, 기독교권 사람들의 문화와 역사를 이해할 수 없습니다. 서양 문화를 잘 알려면 기독교에 대한 이해는 필수적입니다.

　그렇기에 국가와 기업이 세계화를 통해 성공하려면 기독교인의 사고 방식을 익히는 것이 필요합니다. 인간은 늘 한계를 깨닫곤 하기에 유일신 하나님의 도움 없이는 살지 못한다는 신앙고백을 할 수밖에 없는 것입니다.

　인간의 인생을 주관하시는 분은 하나님이십니다. 인간은 하나님의 영광을 위해 살도록 창조됐음을 믿기에 예수님이 십자가에서 흘린 피가 우리를 구원에 이르게 함도 자연스럽게 믿을 수 있습니다. 그 감격스런 사건을 크리스천은 결코 잊고 살아가면 안됩니다.

　세상의 모든 지혜가 성경에 담겨 있기에 믿음은 이 세상을 바꾸는 힘이며 내 생각과 행동과 모든 것을 주관해 주실 것을 하나님께 고백하게 됩니다.

　우리 모두 좋으신 하나님을 믿는 크리스천으로 자부심과 긍지를 갖고 세상을 다스리고 이기는 멋진 삶을 살았으면 합니다. 감사합니다.

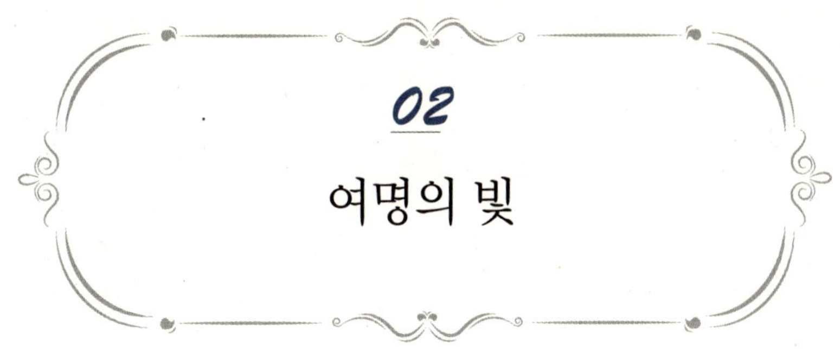

서양 선교사들이 조선땅을 향해 들고 온 복음, 그것은 다름아
닌 여명의 빛이었습니다. 이것은 또 하나님이 우리에게 주신 사
랑의 빛이었고 따스한 손길이었습니다

얼마 전 제가 이사장으로 있는 유나이티드문화재단 주최로 '여명의
빛'이란 주제의 가족음악회를 서울 서초동 예술의전당에서 열었습니다.
80명의 오케스트라와 100여명의 합창단원, 성악가들의 연주는 웅장했
고 근대 선교사들의 감동적인 활동을 담은 나레이션 영상도 함께 선보
였는데 참석자들에게 감동을 주었다는 이야기를 들었습니다.

제가 이 음악회에 초기 한국을 찾아 온 선교사들의 희생과 헌신을
담은 것은 그 은혜가 너무 감사해서입니다. 그 영상 나레이션 내용을
여러분에게 읽어드리고자 합니다.

《《1885년 당시 당시 우리는 세계정세에 무지했고 외국과 교류를 닫

는 쇄국정책을 쓰고 있었습니다. 양반은 백성을 무시했고 민초들은 문맹으로 평생을 살아야만 했습니다. 한글은 있었으나 보급되지 않았습니다.

바로 이 때였습니다. 하나님은 조선의 복음화를 위해 이 땅에 보낼 선교사를 세계 곳곳에서 준비시키시고 그들의 마음을 조선으로 향하게 하셨습니다. 동양의 작은 나라 코리아를 향한 그들의 사랑과 열정은 뜨겁게 타올랐고 가난과 무지, 외국인을 배척하는 조선을 향해 '복음'을 들고 모여들기 시작했던 것입니다.

1883년 미국 신학교 학생이던 호러스 그랜트 언더우드는 인도 선교의 소망을 갖고 기도하던 중 조선 선교를 명하시는 하나님의 음성을 들었습니다. 오하이오 주에서 한 여인이 "조선 선교의 문이 열리면 그 일에 써달라"며 그동안 모았던 돈을 헌금한 것입니다.

1884년 중국 상하이에서 활동하던 선교사 호러스 뉴튼 알렌은 주한 미국공사관 의사 신분으로 한국에 들어와 선교사들의 안전을 지켜주는 든든한 울타리 역할을 했습니다.

이렇게 1885년부터 1945년까지 약 1500명의 선교사가 이 땅에 들어왔습니다. 아프고 억압받고 차별 받던 시기, 그리고 일본의 식민 통치 시기를 겪은 우리에게 의술, 복음, 사회개혁, 독립운동, 한글보급, 학교설립 등의 새 길을 열었습니다. 선교사들의 헌신과 사랑, 나눔은

조선인들의 눈에 덥혀 있던 비늘을 벗기고 세로운 세계를 향한 창문을
활짝 열어주었습니다.

1885년과 1886년, 제중원과 정동병원이 서울에 설립된 것을 시작으
로 선교사들은 1910년까지 전국 26개 지역에 29개 기독병원이 세워졌
습니다. 이들은 한국 의료의 기초를 놓았고 우리 민중은 생명의 젖줄
을 찾았습니다. 인권이 무시됐던 한센병 환자들에게 양돈과 양계 기술
을 가르쳐 독립할 수 있는 터전을 만들어 소외된 자들에게 소망을 선
물했습니다.

서양 선교사들이 조선땅을 향해 들고 온 복음, 그것은 다름아닌 여
명의 빛이었습니다. 이것은 또 하나님이 우리에게 주신 사랑의 빛이었
고 따스한 손길이었습니다. 사랑이었고 긍휼이었고 축복이었습니다.

이상입니다. 참으로 감사하고 감격적입니다. 이런 선교사들의 믿음이
오늘의 한국교회 성장을 이루는 바탕이 되었음을 저는 확신합니다. 감
사합니다.

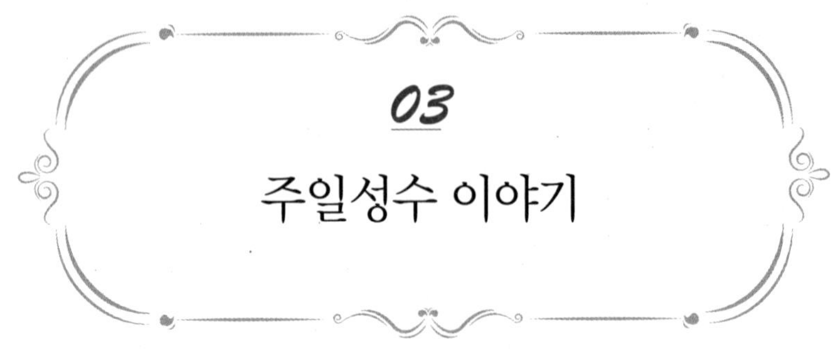

03
주일성수 이야기

주일은 주님의 날이고 이 날이 주님을 위해 경배하고 영광을 올려드리는 성스러운 시간이 되어야 함을 결코 잊어서는 안될 것입니다.

오늘은 안식일, 즉 주일성수 이야기를 나눠볼까 합니다.

제가 주일학교에 다니던 때를 회고하니 벌써 60여년 전이 되었습니다. 그런데 60년 전 당시에는 이 안식일인 주일이 아주 철저하게 지켜졌습니다.

어린 시절 저는 사탕을 좋아해 가게로 달려가 잘 사먹었습니다. 그런데 주일은 사탕도 사먹지 못했고, 버스도 타지 못하게 하는 어머니 때문에 어린 마음에 불만이 컸던 기억이 납니다. 아마 청취자 여러분은 이 사실을 이해하시기 힘들겠지만 60년 전 당시의 많은 성도들은 주일에 어떠한 일이 있어도 돈을 사용하지 않을 정도로 철저한 보수신앙을 유지했습니다.

당시 보수신앙을 강조하는 신학교의 한 교수가 주일에 설교를 하러 가려고 기차를 탔다가 교수직에서 해임됐다는 이야기도 확인은 못했지만 들은 적이 있습니다. 이처럼 그 때는 오직 성경말씀대로만 사는 신앙인들이 제법 있었습니다.

오래 전 부활주일이었습니다. 부활절에 맞게 정장과 넥타이를 갖추고 경건한 마음으로 교회에 들어선 저는 눈살이 찌푸려질 수밖에 없었습니다. 교회 예배실 앞에서 상인들이 교회바자회라며 물건을 팔고 있었기 때문입니다.

그들은 오징어가 1만원이니 꿀이 3만원이니 하며 요란하게 장사를 하고 있었습니다. 거룩하게 지켜야 할 주일을 방해받은 교인들은 불편한 심기를 드러냈고 결국 불평들이 터져 나왔습니다.

저도 그 광경에 이건 아니다 싶어 판매중지를 요청했으나 상인들은 교회가 허가한 사항이라며 양보하지 않았습니다. 결국 한 발 물러서 사람들이 드나드는 교회 입구가 아닌 다른 장소로 옮겨 장사를 하는 것으로 절충이 되었습니다.

많은 교회들이 선교를 위해 또 구제를 위해 사용한다며 여선교회를 중심으로 바자회를 엽니다. 평일은 교회서도 바자회를 얼마든지 할 수 있지만 주일은 아니라는 생각입니다. 그런데 많은 목사님들이 주일판매도 괜찮다고 허용하시는 것을 보게 됩니다.

아무리 신학의 개념이 바뀌었다고 해도, 주일을 거룩하게 지켜야 하는 십계명이 흔들리면 안 된다는 것이 저의 생각입니다. 제가 너무 보수 교인이어서인지 모르지만 주일 예배에 찬송가 대신 요란스런 CCM을 부르고 경건한 예배 중에 여러 가지 이벤트가 삽입되는 모습은 저로서는 여전히 이해하기가 힘듭니다.

예배는 인간이 하나님께 영광을 올려 드리는 경건한 행위인데 이 경배 보다 교인끼리의 친밀감과 교제를 나누는 것에 시간을 더 많이 할애하면 안 된다는 생각입니다.

물론 시대가 많이 변했고 어느 정도 선에서는 예배의 형식도 변할 수 있다고 봅니다. 그러나 주일은 주님의 날이고 이 날이 주님을 위해 경배하고 영광을 올려드리는 성스러운 시간이 되어야 하는 사실이 결코 변하거나 잊어서는 안될 것입니다.

하나님은 십계명을 통해 '안식일을 기억하며 거룩히 지키라'고 명령하셨습니다. 이렇게 하나님을 찬양하고 높이는 것에 주일이 사용될 때 진정한 안식일의 의미를 찾을 수 있다고 봅니다. 감사합니다.

04

세속문화 속의 밝은문화

밝은 문화를 만들어 세상에 내보냄으로써 하나님의 뜻이 이 땅에서 이루어지도록 해야 합니다. 기독교 밝은 문화를 찾아내고 실천함으로 세속 문화와 싸워 반드시 승리해야 합니다.

세속문화와 밝은문화 이야기를 해보려고 합니다.

아시아권은 불교가 융성해 중국은 물론 싱가포르, 홍콩 등에 큰 절들이 많이 있습니다. 항상 신도들이 넘치며, 근방에는 복채를 받고 점을 치는 가게들도 무척 많습니다.

그런데 이 절들을 보면 부처만 모시는 것이 아니라는 것을 발견하게 됩니다. 각종 이상하고 야릇한 석상들이 즐비합니다. 삼국지에 등장하는 관우상이나 장비상을 비롯해 배가 불룩한 도교의 도사 석상도 쉽게 볼 수 있습니다. 신도들은 그곳에도 절을 하고 복을 빌곤 합니다.

그리고 복채도 상업화되어 있습니다. 부적도 아주 비싼 것부터 아주 싼 것까지 무척 경제적이면서 합리적으로 계산되어 판매되고 있습니다. 비싼 부적을 사고 부처에게 빌면 과연 더 큰 복이 오는 것일까요? 게다가 이 절들은 꼭 불교에 국한되지 않고 도교나 무속교 등 모든 신들을 끌어들여 운영하고 있었습니다.

이처럼 돈을 내고 복을 받거나 천당에 가고 병을 고치는 등의 기복신앙은 과연 이러한 절에만 있는 일일까 곰곰이 생각해 보게 됩니다. 중세에도 면죄부를 팔아 종교 개혁의 빌미를 제공한 천주교나 요즘 무조건 축복을 받는다는 기독교 이단 사이비 종파들에게서 볼 수 있는 기복사상도 이 절에서 하는 행위와 크게 다르지 않습니다.

이런 점에서 한국 기독교도 기복주의 설교를 경계해야 합니다. 그리고 "너희 몸을 산 제사로 드리라"는 말씀에 귀 기울여야 한다고 생각합니다. '산 제사'는 헌신적이며 순종적인 생활을 통해 하나님께 영광을 돌리라는 뜻이라 여깁니다. 그리스도인의 생활과 삶이 정결해야 한다는 뜻입니다.

성경에는 "세속화를 경계하라"는 구절이 많고 특히 남자나 여자나 순리대로 성(性)을 쓰지 않는 동성애에 대한 경고말씀이 많습니다. 그런데 이 동성애가 교회에 무차별적으로 들어와 동성애자를 옹호하는 문화도 생기고 있습니다.

어느 교회 목사님이 설교에서 자신은 동성애가 성경적으로 잘못된 것은 잘 알지만, 동성애 교인들을 생각하면 동성애를 폄하하고 싶지 않다는 내용을 듣고 충격을 받았습니다. 동성애를 방임하거나 비호하는 것이 얼마나 큰 죄인지 성경은 분명히 가르치고 있습니다.

최근에 세속 문화가 교회로 거침없이 또 빠르게 침투하고 있습니다. 그러므로 여기에 대항해 하나님의 문화란 과연 무엇인지 신학은 성도들에게 선명한 답을 주어야 합니다. 오랫동안 교회에 출석했지만 하나님이 함께 하는 밝고 건전한 문화가 무엇인지, 들은 기억이 별로 없습니다.

기독교의 밝은문화는 무엇일까요? 복장도 단정하고 말씨와 사고와 행동까지 무엇인가 달라야 합니다. 기독교인으로서의 예절바르고 이웃을 섬기고 또 나누는 모습을 보여야 합니다. 이런 헌신하고 봉사하는 태도와 행동을 세상에 보임으로 이것이 자연스럽게 기독교 문화가 되어 세상에 소리없이 영향을 미쳐야 합니다. 사람들이 기독교 문화를 통해 역시 다르다는 느낌을 주어야 합니다.

우리는 밝은 문화를 만들어 세상에 내보냄으로써 하나님의 뜻이 이 땅에서 이루어지도록 해야 합니다. 기독교 밝은 문화를 찾아내고 실천함으로 세속 문화와 싸워 반드시 승리해야 합니다. 하나님이 주관하시는 밝은 문화를 전파하고 나눌 때 자연스럽게 복음도 함께 전파되는 것이라 믿습니다. 감사합니다.

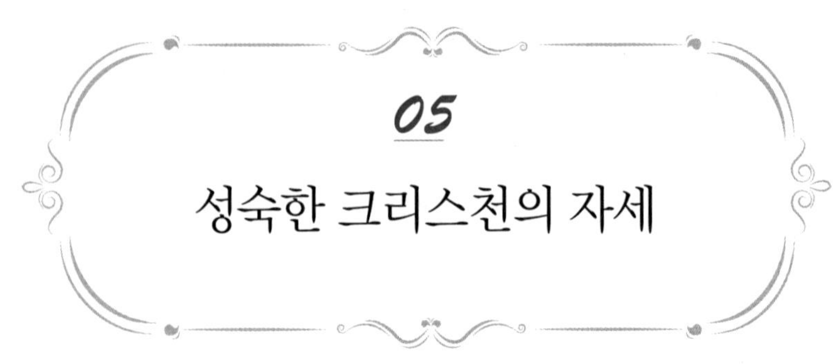

사람에게 실망해서 하나님을 버리는 바보 같은 실패자는 되지
말아야 합니다. 그러므로 진정 예수님의 제자가 되고 신앙인이
되고자 한다면 우선 성경을 통해 자신 스스로 깨달음을 가져야
합니다.

오늘은 기독교인이라면 스스로 갖추고 있어야 할 신앙의 자세에 대
해 이야기를 하려고 합니다. 많은 크리스천들이 교회생활을 하다가 목
사와 성도들에게 상처받고 실망했다며 교회를 떠나곤 합니다. 교회가
이런 곳인 줄 몰랐다며 신앙생활을 접어 버리는 사람도 많습니다.

이들은 교회나 사람을 보고 신앙생활을 한 이들이었기에 쉽게 상처
받고 절망하며 교회를 떠난 미숙한 기독교인들입니다. 인간은 그 누구
도 완전하지 못하고 신앙적으로도 완벽할 수 없습니다. 우리 모두는
하나님 안에서 죄인일 뿐입니다. 그렇기에 사람을 보지 말고 하나님만
바라보아야 신앙생활을 영위할 수 있는데 그 경지까지 가지 못한 것입

니다.

저는 10여년 전 모 신학대학원대학교 관선 이사장직을 맡아 학교 경영권 다툼 문제해결을 위해 동분서주한 적이 있습니다. 이 과정에서 교계에서도 얼마나 불법과 탈법이 횡행하고 있는지 참으로 개탄스럽고 안타까웠습니다. 기독교계에도 문제가 많다는 사실을 현장에서 많이 보았습니다.

이 때 저와 신임총장은 사명감과 열정을 갖고 학교일에 매달려 문을 닫았던 신학교 정상화에 최선을 다했습니다. 낡고 부서진 교사를 수리하고 학생들을 위한 무료식당을 운영했고 밀렸던 교수들의 임금도 다 지불했습니다. 학교가 제자리를 찾는 것 같아 이사장으로서도 큰 보람을 느낄 수 있었습니다.

그런데 이렇게 잘 살려진 신학교가 살아나자 또 소유권 싸움이 이어지면서 새로운 이사진이 들어서야 했고 학교가 다시 분쟁 속으로 내몰렸습니다. 임기를 끝낸 저로서는 매우 안타까웠습니다.

기독교 안에도 불의와 거짓이 있습니다. 위선도 있습니다. 물론 대다수가 아니라 아주 소수지만 이로 인한 주변 사람들이 느끼는 절망감은 아주 큽니다. 그런데 성숙한 믿음을 가지려면 성도들도 이런 문제를 잘 이해하고 넘겨야 합니다.

사람에게 실망해서 하나님을 외면하는 바보 같은 실패자는 되지 말아야 합니다. 그러므로 진정 예수님의 제자가 되고 신앙인이 되고자 한다면 우선 성경을 통해 자신 스스로 깨달음을 가져야 합니다.

목사님의 설교는 신앙의 지침서 역할을 합니다. 본인 스스로가 하나님을 뜨겁게 만나고, 진리를 깨닫지 못하면 언젠가 사람 때문에 실망하여 신앙을 잃어버릴 수 있습니다.

저는 주변 신앙인들에게 말씀공부를 통해 스스로 성숙한 믿음을 갖기 위한 노력이 꼭 필요하다고 권면합니다. 이를 위해 쉼 없이 기도하는 것도 매우 중요합니다.

목사라는 이유만으로, 혹은 장로라는 이유만으로 믿음을 닮아갈 신앙 모델이 될 수는 없습니다. 신앙은 스스로 찾고 만들어 가야 하는 것으로 결코 직분 이 중요하지 않습니다.

우리의 인격과 영성은 성경을 통해 우리에게 깨달음을 준다는 것이 저의 신앙고백입니다. 방언보다 귀한 것은 예언이고, 예언보다 유익한 것은 성경 한 구절이라도 충분히 이해하여 전하는 것이라고 사도 바울은 말했습니다. 말씀 속에서 오늘을 사는 지혜를 얻는 여러분들이 되셨으면 합니다. 감사합니다.

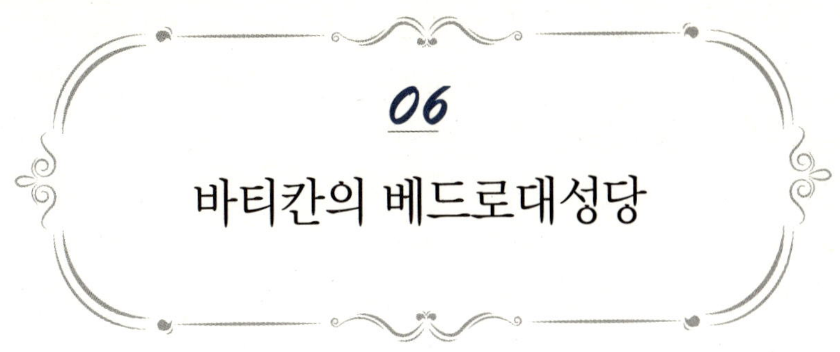

말씀이 떠나고 성령이 떠난 교회는 결국 건축만 남긴 채 사라진
다는 교훈을 유럽의 성당들이 우리에게 여실하고 생생하게 보
여주고 있는 것입니다.

이탈리아를 여행하다 보면 성당을 중심으로 도시가 발달한 국가임
을 쉽게 알 수 있습니다. 먼저 도시를 세울 때 성당을 먼저 세우고 그
옆에 왕궁이 세워졌고 광장이 있고 그 주변에 상가와 주택이 세워지는
동일한 순서로 발전해 왔기 때문입니다.

따라서 이탈리아의 유서깊은 도시들을 방문할 때마다 그 중심에 성
당이나 교회가 커다랗게 자리잡고 있습니다. 그런데 심히 안타까운 것
은 주일에도 그곳에 교인이 거의 보이지 않는다는 것입니다. 정말 특이
한 일입니다.

그런데 그 교인 대신 이 자리에 관광객은 넘쳐나서 성당과 교회가 박물관이나 관광지로 착각될 정도입니다. 한국의 크리스천들과는 너무나 대조가 되는 모습을 보게 됩니다.

한마디로 주인은 어디가고 나그네만 넘치는 성당. 이것이 저 뿐만 아니라 현장을 다녀 온 많은 분들의 공통된 생각입니다. 잘 지어진 건축물로서의 관광지가 되어버린 것에 정말 마음 한구석이 참 쓸쓸하지 않을 수 없습니다.

이탈리아 바티칸에 있는 베드로대성당에 갔을 때입니다. 나이가 지긋한 이탈리아인 가이드에게 천주교 신자인지 물어보자 그렇다는 대답이 돌아왔습니다. 언제 성당에 가느냐고 되묻자 "거의 안 나간다"고 했습니다. 여기에 "하나님은 자비로우셔서 우리가 고생하면서 바쁜 줄 아시니 용서해 주실 것"이라고 대답했습니다. 그리고 성당에 나가도 예배시간엔 항상 나이 든 교인 몇 분들만 앉아있다고 덧붙여 설명해 주었습니다.

당시 베드로대성당 입장료가 2만원 정도였던 것으로 기억하는데 1년에 수백만명이 방문한다고 하면 성당에 돈은 넘치는데 예배와 기도는 어디서 찾을까 생각해 보았습니다.

한국교회도 큰 성장과 발전을 이루었습니다. 세계 어느 나라 보다도 대형교회가 많습니다. 목회자와 성도도 많고 세계 선교사 파송 2위국이라는 통계를 갖고 있습니다. 그러나 우리가 언제까지 이렇게 교인이 차고 넘칠까 생각해 보게 됩니다.

우리도 베드로대성당처럼 교회가 박물관 교회가 될 수도 있다는 생각을 해보지 않을 수 없습니다. 이미 서서히 그 전철을 밟고 있다고 우려하는 신학자의 이야기도 들립니다. 말씀이 떠나고 성령이 떠난 교회는 결국 건축만 남긴 채 사라진다는 교훈을 유럽의 성당들이 우리에게 여실하고 생생하게 보여주고 있는 것입니다.

하나님께 영광을 올리며 신령한 영적 예배를 드릴 교회가 이 땅에 계속 세워져야 합니다. 그래서 우리나라는 결코 이태리 성당들의 전철을 밟지 않길 바라는 마음 간절합니다. 감사합니다.

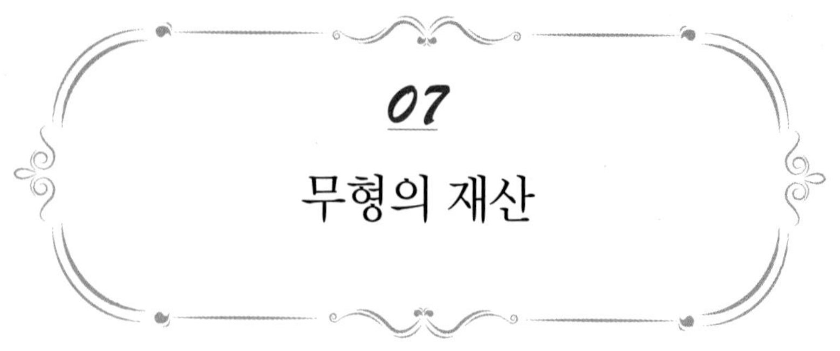

기도를 통해 하나님께 뜻을 묻고 말씀대로 살아가겠다고 다짐한 사람이 크리스천입니다. 하나님이 주인이 되어 나의 모든 일에 간섭해 주시고 생각과 행동을 인도해 주시길 바라는 것이 신앙인입니다. 매 순간마다 하나님이 기뻐하시는 일을 하려고 노력하는 것이 크리스천의 자세라고 생각합니다.

오늘은 우리의 삶에서 눈에 보이지 않는 무형의 재산이 얼마나 소중한지를 이야기 하려고 합니다.

독립운동가 도산 안창호 선생은 '주인 정신'을 교육함으로써 흩어졌던 하와이 교민들을 단결시켰습니다. 독립운동 자금을 모금해 임시정부로 보냈고, 희망을 잃었던 교민들에게 자립할 용기를 주었습니다.

하루는 어떤 교민이 도산 선생에게 "우리들을 이끌어갈 좋은 지도자가 없다"며 한탄하자 도산 선생은 "당신이 바로 그 지도자가 되도록 노력하십시오"라고 말했다고 합니다.

‘주인 정신’은 내가 모든 것을 책임지고 끝까지 최선을 다하는 정신입니다. 속담에 “대감집 마님은 쉬운 일은 종들 시키고 수채구멍은 본인이 뚫는다”는 말이 있습니다. 궂은 일이나 어려운 일은 주인이 한다는 뜻으로 궂은 일은 당장은 손해 보는 것처럼 느껴지겠지만 그것이 결국 ‘무형의 재산’이 된다는 것입니다.

흔히 직장 생활은 힘들고 의미 없는 것이라고 생각해 자신에게 주어진 일만 하고, 나머지는 삶의 질을 높이는 데에 쓰는 것이 현명한 행동이라고 생각하는 사람이 많습니다.

하지만 직장에서 받는 월급, 즉 ‘유형의 재산’은 ‘무형의 재산’에 비하면 매우 가치가 적습니다. 직장 생활을 통해 사회를 알고 100세를 살아갈 지혜와 방법을 배웁니다. 이때 배운 노하우, ‘무형의 재산’을 가지고 자신의 기업을 일으키거나 직장에서 성공하는 경우가 많습니다.

주어진 일에 ‘주인 정신’을 가지고 임하면 직장 상사뿐만 아니라 거래선들, 부하 직원들에게도 존중을 받습니다. 그 성실함이 바로 세상을 살아가는 자신만의 무기가 되는 것입니다.

자신의 모든 일을 남의 일처럼 건성건성 하는 ‘나그네 정신’은 아무리 좋은 학식과 배경을 갖추고 있더라도 결국 나의 인격을 점점 깎아내릴 것입니다. 내가 주인이라고 생각하면 보이지 않던 것이 보입니다. 바닥에 떨어진 조그만 핀도 눈에 잘 띄게 되고, 쓸데없이 켜져 있는 전등 하나라도 크게 보여 끄게 됩니다.

　크리스천의 주인정신은 더 고차원적입니다. 하나님을 우리의 주인이라고 고백했으며, 그의 뜻대로 살기로 약속하고 신앙고백을 했기에 우리는 하나님의 뜻대로 살아가야 되는 것입니다.

　기도를 통해 하나님께 뜻을 묻고 말씀대로 살아가겠다고 다짐한 사람이 크리스천입니다. 하나님이 주인이 되어 나의 모든 일에 간섭해 주시고 생각과 행동을 인도해 주시길 바라는 것이 신앙인입니다. 매 순간마다 하나님이 기뻐하시는 일을 하려고 노력하는 것이 크리스천의 자세라고 생각합니다.

　그러므로 우리는 매일 "나의 주인 되신 주님, 저를 인도하여 주시옵시고 악한 자로부터 지켜 주시옵소서. 그리고 예수님을 닮아가게 하여 주시고 하나님의 영광을 가로채지 않게 하여 주시옵소서."라고 기도해야 할 것입니다. 감사합니다.

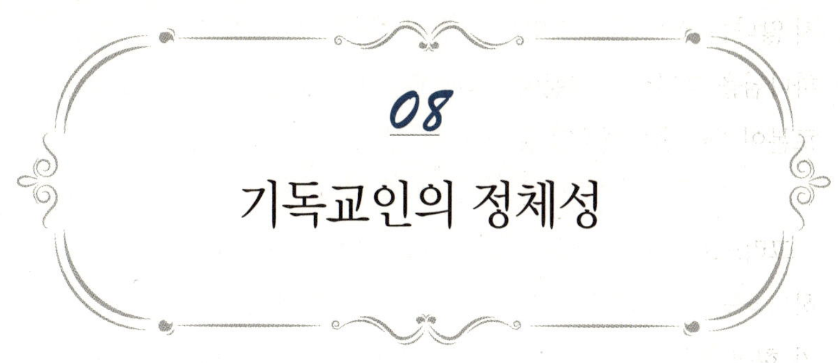

기독교인의 정체성

결국 예수님 없이 구원받을 수도 없다는 것이 성경의 근본말씀인 것입니다. 기독교는 유교나 불교와 달리 여호와 하나님만 믿는 유일신교인 것을 깨달아야 합니다.

오늘은 기독교인이 가져야 할 분명한 신앙의 정체성에 대해 생각해 보고자 합니다. 요즘 사회 곳곳 가는 곳마다 힘들고 어렵다고 합니다. 청년들은 일자리가 없고 자영업자는 장사가 안 되고 공장주는 인건비가 높아 다른 나라로 생산지를 옮겨야겠다고 야단입니다. 모두들 너무 힘들어서인지 세상을 등지고 조용한 시골에서 살고 싶다는 사람도 많이 보았습니다.

솔로몬은 전도서에서 "헛되고 헛되니 모든 것이 헛되도다"라고 고백했습니다. 세상의 부귀와 권세, 지혜를 모두 갖고 있었던 솔로몬이 이처럼 말했으니 이는 인간의 참된 삶의 가치가 물질과 명예, 행복에 있지 않다는 것을 말한 것입니다. 결국 진정한 삶의 가치와 만족은 오직 하나님을 의지하고 그분에게 전적으로 의지할 때 주어지는 것임을 솔로몬이 깨달았기 때문일 것입니다.

그러므로 아무리 세상이 힘들고 고통스럽고 또 반대로 즐겁고 행복하더라도 궁극적으로 헛된 것이라고 말하고 있습니다. 그러므로 우리가 현실적인 문제에 전전긍긍하지 않고 영원한 하늘나라에 가치를 둔다면 좀 더 길고 넓게 인생을 바라볼 수 있습니다.

천사들을 이끌고 하나님을 배신한 루시퍼는 신본주의의 반대개념인 인본주의의 시조가 됐습니다. 스스로를 하나님과 견주고 하나님만큼 높아지려는 생각이 바벨탑사건으로 이어졌고 이 생각이 현대 철학으로 넘어가면서 실존주의 철학과 자유신학으로 이어졌습니다. 그 결과로 지금 하나님 없는 신학이 곳곳에서 넘쳐나고 있습니다.

"주는 그리스도요 하나님의 아들이시다"라는 베드로의 고백이 교회의 반석입니다. 이런 고백이 없는 신학은 무의미한 것입니다. 현 세대는 예수님이 교회 문밖에 계시고 뜨겁지도 차지도 않은 것 같아 많은 신앙인들이 교회에 실망하고 등지고 있습니다. 가나안교인 즉 휴면교인이 늘어나고 있는 것입니다.

교회가 확실한 신앙을 성도들에게 심어주어야 할 때입니다. 예수님이 중심인 신학, 그리고 예수님을 닮아가고 예수님이라면 이런 상황에서

어떻게 판단하실까라는 생각을 하며 신앙생활을 하는 기독교인이 되어
야 합니다.

　　예수 보혈의 공로 없이는 우리는 원죄에서 벗어날 수 없는 것이 기독
교신앙의 기초입니다. 결국 예수님 없이 구원받을 수도 없다는 것이 성
경의 근본말씀인 것입니다. 기독교는 유교나 불교와 달리 여호와 하나
님만 믿는 유일신교인 것을 깨달아야 합니다.

　　세상은 우리를 힘들게 합니다. 그러나 기독교인들은 이 세파에 흔들
리지 않고 영원한 하늘나라를 소망하며 살아가는 존재들입니다. 그래
서 이 유일신 신앙, 보혈의 신앙, 신본주의 신앙을 깨닫고 믿음생활을
한다면 우리는 삶과 신앙에서 흔들림 없이 모두 승리할 수 있을 것입니
다. 감사합니다.

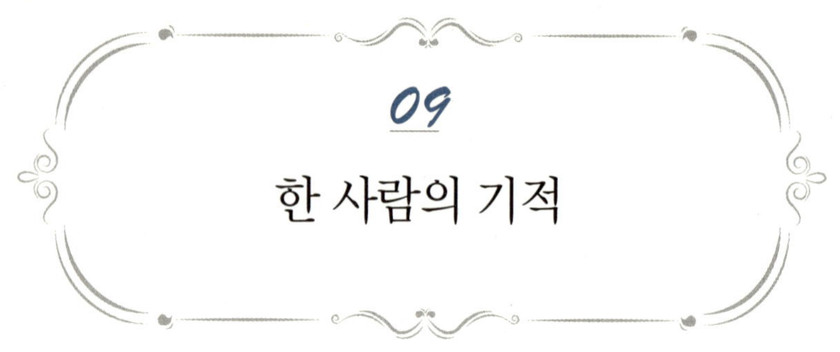

내가 바로 모두가 필요로 하는 바로 그 '한 사람'이 되어야 합니다. 하나님은 오늘도 그 한사람을 찾고 계십니다.

오늘은 우리가 믿는 기독교가 어떻게 발전돼 왔는지 역사적 자료를 근거로 함께 살펴 보려고 합니다. 그리고 소중한 각 한 사람 한 사람의 삶이 인류에 얼마나 큰 영향을 주는지도 알아보려고 합니다.

세계 대부분의 종교는 메소포타미아의 갈대아 우르를 모태로 합니다. 이곳에서 흥왕했던 각종 우상 숭배 사상에서 종교가 시작되었던 것입니다. 이곳에서 아브라함이 터키 지방으로 이동한 후 팔레스타인을 거쳐 이집트로 가 번성한 민족이 다시 팔레스타인으로 들어와 유대교가 되었습니다. 기독교는 이 유대교를 모태로 탄생했고, 인도로 간 일파에서 다신교인 힌두교가 생겼다고 전해집니다.

또 이집트로 건너간 다신교는 그리스를 거쳐 로마의 토속 종교로 이어졌고 힌두교를 모태로 불교가 생겼습니다. 단 몇 줄로 세계 종교사를 논하기는 힘들지만, 이슬람교도 유대교를 모태로 탄생한 유일신교이며 이 유대교와 이슬람교가 형제 종교로 상호 우호관계를 유지했었습니다.

기독교는 한 사람, 아담으로 인해 인류에 죄악이 들어왔고, 또 다른 한 사람, 메시아인 예수 그리스도를 통해 인류가 구원에 이르게 됩니다. 기독교의 구원은 오로지 하나님의 은혜로 거저 받는 것입니다.

불교가 스스로의 고행과 노력에 의해 구원을 받는다고 한다면, 기독교는 하나님의 은혜로 대가 없이 받는 구원입니다. 오직 한 사람, 예수님의 공로 때문입니다.

구약 성경의 큰 맥락은 한 사람의 왕이 정신을 차리면 모든 백성이 편안하고 왕이 잘못하면 모든 국민이 함께 고통을 겪는다는 것입니다. 지도자 한 사람의 역할이 무척 중요하다는 것이 우리에게 주는 확실한 교훈입니다.

언젠가 우리 회사에 한 사람이 공장 시설을 유의깊게 살펴본 것이 공장에 큰 화재가 일어날 것을 사전에 예방한 적이 있습니다. 막대한 재산 피해를 막은 것입니다. 한 사람은 이처럼 매우 중요합니다. 회사도 사장이 회사의 운명을 좌우하고, 부서장 한 명의 능력이 그 부서의 승패를 결정짓습니다. 준비된 지도자가 국가의 운명도 바꿀 수 있습니다. 지도자 한 사람의 중요함은 아무리 강조해도 지나치지 않습니다.

그러므로 높은 자리로 올라가는 것은 큰 짐을 지는 것이라고 생각해야 합니다. 겸손하게 자신을 희생하며 남을 섬길 수 있는 것은 기독교적 희생과 사랑이 없으면 불가능합니다.

내가 바로 모두가 필요료 하는 그 '한 사람'이 되어야 합니다. 하나님은 오늘도 그 한사람을 찾고 계십니다. 감사합니다.

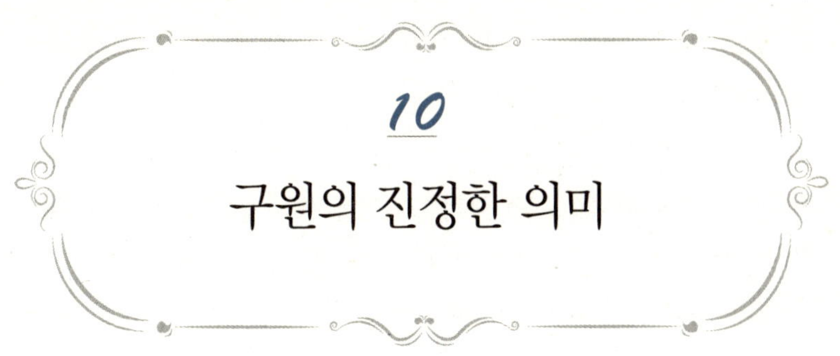

10

구원의 진정한 의미

우리는 늘 깨어 경각심을 갖고 확고한 구원관으로 무장된 신앙인이 되어야 할 것입니다. 구원의 길은 예수 그리스도 오직 한 분입니다.

우리 기독교가 가장 많이 사용하는 구원이라는 말은 영어로 리뎀션(Redemption)이라고 합니다. 이 말은 노예 시장에서 유래되었다고 합니다. 누군가가 대신 몸값을 지불하고 노예 상태에서 해방시켜준다는 의미인 것입니다.

구원은 그리스도 예수의 피의 공로로 우리가 구원을 받았습니다. 이 때문에, 구원에 이르는 유일한 길은 예수 그리스도밖에 없다고 우리는 믿고 있습니다.

그러나 종교 다원주의 신학자들은 "'예수만이 구원에 이르는 유일한

길'이라는 전통 기독교 사상을 버리지 않으면 타 종교와 대화가 막혀 세계 평화를 이룰 수 없다"고 이야기합니다.

세계적인 에큐메니컬 운동은 기독교 안에서도 그 세력이 너무나 강대합니다. 에큐메니컬 운동은 교파나 교단의 차이를 초월하여 모든 기독교, 더 나아가 모든 종교의 통합을 도모하자는 운동입니다. UN의 종교위원회는 세계 단일 종교를 따르지 않는 전통 기독교인들을 편협한 종교인으로 매도하는 분위기까지 나타나고 있습니다.

미국에서도 전통 보수 기독교인을 요즘 시대에 맞지 않는 집단으로 규정하고 있습니다. 그리스도를 유일한 구원의 길이라고 믿는 믿음이 이제 점점 배척받는 시대가 된 것입니다. 시대적 조류에 세계가 이렇게 흘러가고 있는 것입니다.

그러나 그리스도 이외에도 구원이 있다는 것은 기독교인으로서는 결코 양보할 수 없는 부분입니다. 왜냐하면 성경이 그렇게 가르치지 않기 때문입니다. 성경은 그리스도 이외에는 어떤 것에도 구원이 없다고 확실히 말씀하고 계십니다. 예수의 십자가의 공로가 하나님과 인간의 담을 헐고 구원을 이루었습니다.

지금 우리가 이 사실을 확실히 믿고 바른 신앙생활을 하지 않으면 우리 주변은 믿음생활에 실족할 수밖에 없는 상황을 만들곤 합니다. 사도 바울은 고린도 교회에 대해 크게 걱정하면서 고린도 전후서를 기록했습니다.

　당시 교회 내에서 각종 음행 문제가 심각했고, 지도자가 하나님 말씀과 다르게 가르치는 바람에 교회 내 파벌이 심해져 아주 큰 고통을 겪었습니다. 이는 구원관이 흔들렸기 때문에 주변의 환경에 미혹된 것입니다.

　결론적으로 세계 종교 단일화와 종교 다원주의는 우리에게 다가오는 거짓 가르침이요, 그 속에는 사탄의 계략이 있다는 것을 경계해야 합니다. 악한 세력들은 악한 모습으로 우리에게 다가오는 것이 아니라 그럴듯하고 좋은 모습으로, 천사의 모습으로 접근하기도 합니다.

　이런 점에서 우리는 늘 깨어 경각심을 갖고 확고한 구원관으로 무장된 신앙인이 되어야 할 것입니다. 구원의 길은 예수 그리스도 오직 한 분입니다. 감사합니다.

"지혜를 얻으며 명철을 얻으라 내 입의 말을 잊지 말며 어기지 말라
지혜를 버리지 말라 그가 너를 보호하리라
그를 사랑하라 그가 너를 지키리라 지혜가 제일이니 지혜를 얻으라
네가 얻은 모든 것을 가지고 명철을 얻을지니라"(잠4:5-7)

chapter 2

삶에서 배우는 지혜

위대한 것은 한순간에 창조되지 않는다 | 위기와 두려움 이겨내기
정신건강은 신앙에서 출발한다 | 일본의 순교지를 탐방하며
위기관리 능력은 성공의 필수조건 | 복지국가로 가는 길
꿀벌을 통해 얻는 지혜 | 여행은 돌아갈 집이 있어 행복하다
이때가 위기이자 기회다 | 필요하고 존귀한 사람

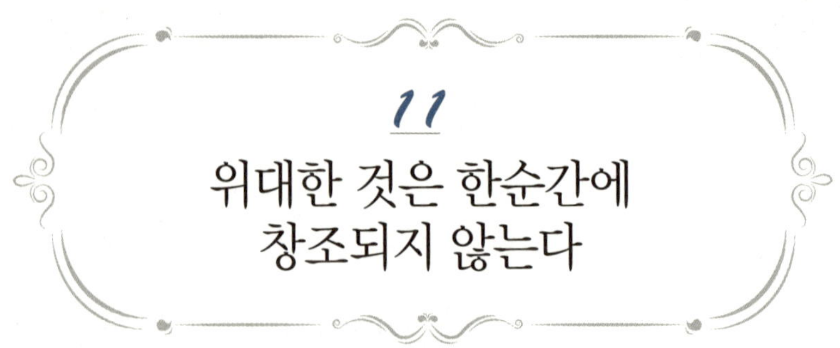

인간은 습관의 동물입니다. 꾸준한 습관을 기르는 것은 근력을 기르는 것과 비슷합니다. 이를 위해서는 매일 피나는 연습을 해야 합니다.

오늘은 기업인인 제가 그동안 사업을 하며 느낀 부분을 함께 나누려고 합니다. 고대 그리스의 철학자 에픽테투스는 "무화과 열매가 하루 아침에 열리지 않듯이, 위대한 것은 한순간에 창조되지 않는다. 무화과 열매를 원한다면 먼저 꽃이 피기를 기다려라. 그리고 열매를 맺고 충분히 익을 때까지 기다려야 한다."고 말했습니다.

이 말은 아무리 원대하고 구체화된 꿈이 있다 하더라도 실천에 옮기지 않는다면 그것은 무용지물이나 마찬가지라는 것입니다. 꿈의 실현에 실패한 사람들은 대부분 작은 시작부터 실천하는 노력이 부족했던 사람들입니다.

우리가 인생을 살아가면서 마음속에 큰 꿈을 그리게 됐다면 그것을 되도록 많은 사람에게 알리라고 충고하고 싶습니다. 왜냐하면 우리가 다른 사람에게 우리의 꿈을 이야기하게 되면 우리에게는 꿈을 반드시 이뤄야 할 일종의 책임감이 생겨나기 때문입니다. 이 책임감은 어렵고 힘든 여건 속에서도 꿈을 포기할 수 없게 하고 끝까지 그것을 이룰 수 있는 힘과 에너지를 제공하게 되기 때문입니다.

그런데 우리가 그 꿈을 마음속에만 담아둔다면 그 꿈은 '언젠가'라는 꼬리표를 달고 있는 막연한 것으로 끝나버리는 경우를 자주 봅니다. 하지만 말을 통해 마음속의 꿈을 현실로 끄집어내면 꿈은 구체적인 형태를 갖게 된다는 것입니다.

꿈이 구체화되면 주변에서 가치있는 충고를 아끼지 않을 조력자를 만날 수 있고 동시에 도전 욕구를 불러 일으키는 경쟁자도 만날 수 있습니다. 이 경쟁자로 인해 우리의 꿈은 더욱 큰 가치를 갖게 되고, 온갖 역경을 물리치고 도전해서 반드시 이뤄내야 할 이유를 얻게 되는 것입니다.

사실 우리의 꿈은 하루아침에 단시간에 이뤄지는 것은 거의 없습니다. 꿈의 실현은 다시 강조하지만 구체적인 작은 실천에서 시작됩니다. 하루에 한 가지씩 실천을 더한다면 점점 가속도가 붙고 결과는 이것들이 더해져 성공으로 나타납니다.

인간은 습관의 동물입니다. 꾸준하고 좋은 습관을 기르는 것은 근력을 기르는 것과 비슷합니다. 이를 위해서는 매일 피나는 연습을 해야 합니다. 때로 이것이 강한 스트레스가 되어 사람들을 짓누르고 지름길의 유혹을 느끼게도 합니다. 하지만 쉬운 길을 찾는 사람은 그 길이 이내 막히거나 쉽게 무너지게 됩니다.

결론적으로 꿈을 실현하기 위해서는 일상의 작은 일들을 게을리 하지 않고 부지런히 실천에 옮겨야 한다는 것입니다. 이 작은 실천을 통해 큰 열매를 거둘 수 있다는 사실을 반드시 기억했으면 합니다. 감사합니다.

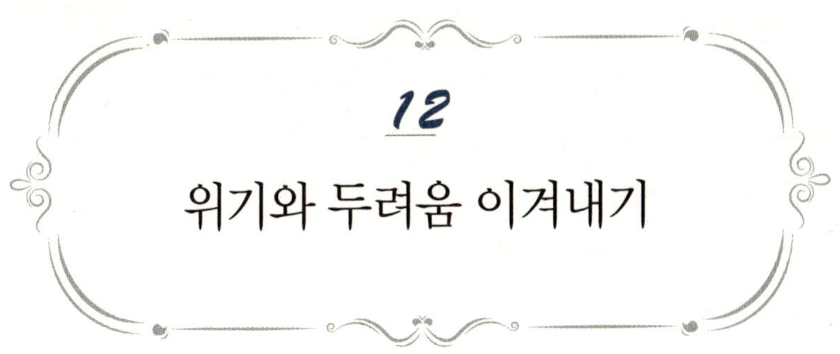

위기와 두려움 이겨내기

신앙은 나의 약함을 인정할 때 더 깊어집니다. 나는 약하기에
하나님께 의지하고 맡기고 기도할 때 마음의 평안과 기쁨, 감사
가 다가옵니다. 긴장과 위험에서 벗어나게 되는 것입니다.

저는 다국적 기업을 운영하다보니 자연히 신문, 방송 등 다양한 언
론매체로부터 인터뷰 요청을 많이 받습니다. 그런데 제가 인터뷰 때 가
장 많이 받는 단골 질문이 "회장님은 기업을 경영하면서 가장 어려웠던
때가 언제십니까?"라는 것입니다.

그러면 저는 늘 망설이지 않고 서슴없이 이렇게 대답합니다. "바로 지
금이 제일 위기이며 지금이 제일 어렵습니다."라고 말합니다. 그러면 대
부분의 기자들은 "이렇게 회사가 매년 놀랍게 성장하며 계속 발전해
왔는데 무슨 말씀이시냐"고 되묻습니다.

사실 그대로 저는 늘 두렵습니다. 직원이 1000여명에 이르고 세계 곳곳에 공장과 지사를 갖고 있으니 늘 위험이 내재되어 있습니다. 저의 선택이 아주 잘못되거나 공장에서 큰 화재가 나거나 생산약품에 큰 문제가 생긴다면 저희 회사는 치명적인 타격을 입을 수 있습니다. 상황에 따라 회생이 힘들 수도 있습니다.

그래서 전 만약 제게 신앙이 없었다면 이런 어려움들을 견딜 수 없었을 것이라고 생각합니다. 하나님께서 도와주고 계신다고 생각하기에 언제나 안심할 수 있을 뿐입니다. 이것은 저의 솔직한 심정입니다.

언젠가 한국경영자총연합회의 아침 세미나에서 제가 초청받아 강의를 한 적이 있습니다. 그런데 저는 참석하신 회사 CEO분들에게 다소 역설적으로 들렸겠지만 이렇게 이야기 해 모두들 의아하게 만들었습니다.

제가 다른 경영자들께 한 말은 "어떻게 신앙 없이 이 서바이벌 경쟁 세계에서 기업경영이 가능한지 저는 이해하지 못합니다. 저는 신앙의 힘으로 회사경영의 힘든 부분과 스트레스들을 이겨내기 때문입니다." 였습니다.

그런데 의외로 저의 이 말에 동의하며 고개를 끄덕이는 분들이 많았습니다. 그 분들도 경영하면서 다가오는 스트레스를 술이나 골프, 다양한 취미활동으로 상쇄시켜 보려 하지만 결국 이것들이 스트레스를 이겨내기에는 부족하다는 것을 모두 인정했습니다.

저는 이런 점에서 신앙을 갖지 않고 기업을 운영하는 사람은 정말 대단한 사람이라는 생각을 하게 됩니다. 하나님의 도움 없이 어떻게 큰 결정을 내리고 추진할 수 있는지 존경심이 생깁니다.

신앙은 나의 약함을 인정할 때 더 깊어집니다. 나는 약하기에 하나님께 의지하고 맡기고 기도할 때 마음의 평안과 기쁨, 감사가 다가옵니다. 긴장과 위험에서 벗어나게 되는 것입니다.

하나님만 의지하고 그의 인도하심대로 기업을 운영하기로 마음을 먹으면 용기와 담력이 생깁니다. "내가 주님만 의지하오니 힘을 주시옵소서." 이것이 제가 기업을 운영하면서 날마다 드리는 기도내용입니다. 감사합니다.

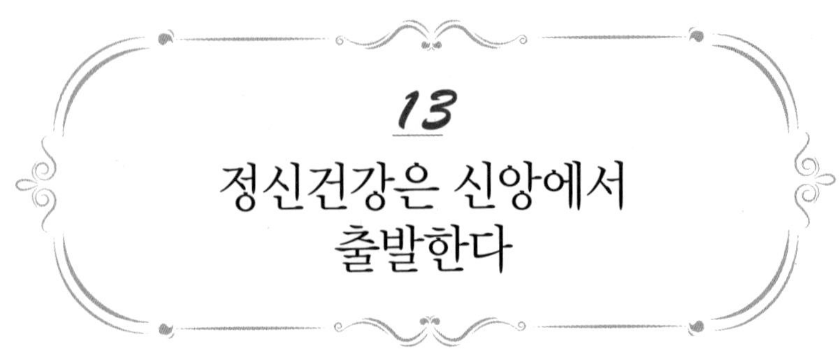

13
정신건강은 신앙에서 출발한다

육체적 건강관리를 지배하는 것이 결국 정신이고 생각하기에 정신건강이 바로 서야 육체적 건강도 이뤄진다는 말이 설득력을 갖습니다.

오늘은 신앙이 정신건강에 얼마나 중요한지를 이야기 하려고 합니다. 보통 한 기업이 뿌리를 내리고 계속 성장하면 이 기업을 통해 많은 직원들이 일자리를 얻고 또 직원들에 달린 가족들이 생활해 나가는 터전이 됩니다. 따라서 저는 기업이 어떤 면에서 또 하나의 인격체가 아닐까 생각을 해 봅니다.

그러므로 기업정신은 기업문화를 형성하고 이런 문화가 모여 결국 우리 사회의 건강을 유지시키고 역사를 움직여 나가는 원동력이 된다고 생각합니다. 너무 거창한 이야기로 들릴지 모르지만 기업의 정신 건강은 결국 건강한 사회를 만드는 큰 역할을 한다고 보는 것입니다.

이런 점에서 비록 작은 기업이든 큰 기업이든 그 대표는 배의 항로를 지휘하는 선장과 같습니다. 기업대표의 정신적 건강이 매우 중요한 이유입니다. 한 기업이 추구하는 기업정신이 결국 직원 모두에게 영향을 준다고 보기 때문입니다. 저는 그래서 직원들에게 정신적 건강의 중요성을 지나치다 싶을 정도로 많이 강조하곤 합니다.

제가 가끔씩 외부에 초청을 받아 강연을 가면 기업이 갖춰야 할 건강한 정신의 중요성을 꼭 설명하는데 그 방법이 아주 간단합니다. 기업주가 크리스천이 되어 기독교 신앙에 기초하고 성경적 지혜를 바탕으로 기업을 운영하면 사원 모두의 정신건강이 좋아진다고 강조하는 것입니다.

이유를 대겠습니다. 우리가 매일 성경을 읽고 이를 통해 영감을 얻으면 마음이 평온해지는 것을 경험하게 됩니다. 정신건강에서 가장 중요한 영적인 건강을 얻게 되는 것입니다. 성경에 비추어 하루를 생각하고 계획하고 반성하면서 또 다른 하루를 설계할 수 있습니다.

저 역시 숱한 어려움과 고난이 있었지만 말씀 속에서 용기와 힘을 얻곤 했습니다. 사업이 힘들고 고달프다고 느낄 때가 많았지만 성경이 정신적 지주가 되어 주었기에 모든 상황을 잘 견디고 이겨낼 수 있었습니다.

물론 우리가 육체적 건강을 위해서도 노력해야 합니다. 술 담배를 멀리 하면 당연히 건강에 큰 도움이 됩니다. 시간나는 대로 운동을 하고 충분한 수면과 건강식, 체중관리가 육체적 건강을 유지하는 요소들입니다.

그러나 이런 육체적 건강관리를 지배하는 것이 결국 정신이라고 생각하기에 정신건강이 바로 서야 육체적 건강도 이뤄진다는 말이 설득력을 갖습니다. '건강한 정신이 건강한 육체를 만든다'는 말에 적극 공감합니다.

그래서 저는 동료 기업인들이나 사업을 하는 이들이게 '예수를 잘 믿고 성경에서 지혜를 얻어 기업을 운영하면 얼마나 좋으냐'며 전도를 합니다. 이는 제 진심이기도 합니다.
한 해가 저물어 가는 이 때 정신건강을 통해 육체적 건강까지 두 마리 토끼를 잡는 여러분 되시길 바랍니다. 감사합니다.

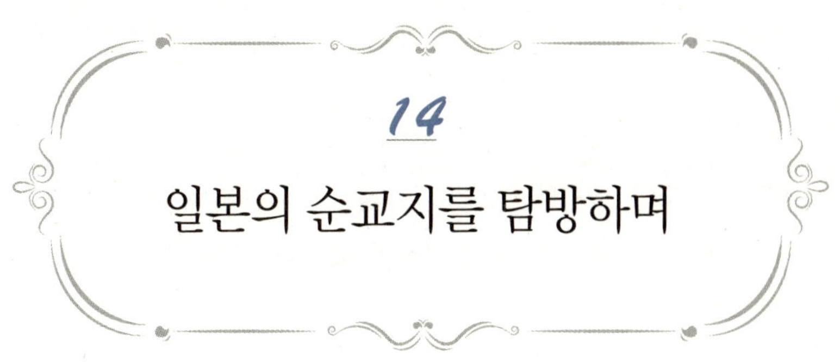

14

일본의 순교지를 탐방하며

우리 모두 십자가 군병되어 어떠한 박해가 오더라도 그리스도
의 빛된 사명인 복음을 저버리는 일이 없길 희망합니다.

오늘은 일본의 기독교 순교역사 이야기를 하고자 합니다.얼마 전 저
는 일본 나가사키를 중심으로 기독교 순교지를 며칠간 다녀왔습니다.

과거 일본은 대포와 조총이 필요하자 이것을 가지고 있던 포르투갈
과 교역을 하면서 천주교를 받아들였습니다. 포교의 대가로 총과 대포
를 갖게 된 것입니다.

일본은 이 막강해진 군사력을 이용해 일본 본토를 통일한 후, 임진
왜란을 일으켜 조선을 침략했습니다. 그리고 조선의 기술자들을 일본
으로 잡아갔습니다. 이들은 일본에서 명품 도자기를 만들었고 일본은

이것을 중요한 문화상품으로 만들어 포르투칼 등 유럽에 팔았습니다.

당시 천주교는 일본의 주요 종교 중 하나가 되었고 신자 수가 제법 많았다고 합니다. 그러나 국가가 부흥하고 나니 이제는 정권을 위협하는 세력으로 간주해 천주교인을 무참하게 탄압하기 시작했습니다.

천주교인들을 찾아내는 방법은 악랄했습니다. 예수님 그림을 바닥에 깔고 이를 밟고 지나가는 사람은 살려주고 머뭇거리거나 건너뛰는 사람은 잡아다 처형하고 목과 몸을 분리해 매장했습니다. 혹시라도 그들이 성경대로 부활할 것을 걱정했기 때문입니다. 몸에 큰 상처를 낸 다음 뜨거운 온천수에 거꾸로 담그는 형벌도 있었고 아주 좁은 감옥에 30여 명의 죄수를 감금하고 한꺼번에 처형했다고 하니 그 잔혹함은 이루 말할 수 없습니다. 근대사에서 가장 많은 수의 순교자를 낸 나라가 바로 일본이라고 합니다.

당시 현장들을 둘러보면서 순교자들이 과연 어떤 마음으로 신앙을 지킬 수 있었는지 궁금했습니다. 과연 나는 이런 박해가 올 때 그들처럼 순교할 수 있을까 자문도 해 보았습니다.

이제 한국교회도 동성애 허용법을 목전에 두고 신앙적 결단이 필요한 시점이 되었다고 생각합니다. 정식명칭은 '차별금지법'인데 성적 차별뿐 아니라 사상이나 종교, 신념 등 모든 차별에 적용됩니다. 이단을 이단이라고 이야기할 수 없고, 동성애가 성경에서 금지되어 있다고 이야기할 수도 없습니다.

　예수 그리스도 이외에는 구원이 없다는 말도 해서는 안 되며, 공공장소에서 신앙고백을 해도 안 됩니다. 타 종교를 차별하는 것이기 때문입니다. 그러나 이 사실을 우리 그리스도인은 결코 용납해선 안될 것입니다. 결연한 의지로 앞으로 계속 반대해야 할 것입니다.

　이번 일본 순교지 탐방은 나 자신의 신앙도 재점검할 수 있었던 뜻깊은 시간이었습니다. 우리 모두 십자가 군병되어 어떠한 박해가 오더라도 그리스도의 빚된 사명인 복음을 저버리는 일이 없길 희망합니다. 감사합니다.

15

위기관리 능력은 성공의
필수조건

위기가 닥칠 때까지 관망하거나 물러나서는 안 됩니다. 즉 미리
계획을 세워 위기에 대처하라는 얘기입니다. 계획은 위기 가운데
서도 성공으로 이어지는 다리와 같습니다.

오늘은 기업을 운영하는 제게 아주 중요한 부분인 위기관리에 대해
이야기 하려고 합니다. 세상사는 좋은 일이 있으면 나쁜 일도 꼭 뒤따
르게 마련입니다. 그래서 호사다마(好事多魔)라는 고사성어도 있습니
다. 사실 모든 조직과 개인은 언제나 위기에 직면하거나 또는 위기를
초래할 가능성을 안고 있다고 봅니다.

그래서 각 자에게 다가온 연속된 위기 속에서 위기관리 능력을 키운
직원은 성공할 가능성이 그만큼 높다고 할 것입니다. 위기를 잘 극복
하면 그 뒤에는 보통 성공이 기다리고 있습니다.

위기를 슬기롭게 극복하기 위해서는 무엇보다 두려움이 없어야 합니다. 사실 두려움이란 모든 사람이 경험하는 감정입니다. 이 두려움 때문에 우리의 발길과 사고를 멈추고 어리석은 선택을 하곤 합니다. 두려움은 발생 가능성이 거의 없는 엉뚱한 결과에 대해서 걱정하면서 소중한 시간을 허비하게 만듭니다.

또 위기가 닥칠 때까지 관망하거나 물러나서는 안 됩니다. 즉 미리 계획을 세워 위기에 대처하라는 얘기입니다. 계획은 위기 가운데서도 성공으로 이어지는 다리와 같습니다. 계획의 다리를 사전에 튼튼하게 건설한다면 어떤 위기가 닥치더라도 그것을 무사히 넘어 성공의 기쁨을 누릴 수 있습니다.

저는 그동안 영업사원으로, 또 경영인으로 사회생활을 하는 가운데 참으로 많은 위기를 맞았습니다. 그때마다 위기를 극복해 나가며 이전보다 강하고 담대한 성격으로 변모하는 나 자신을 발견할 수 있었습니다.

'나는 새도 떨어뜨린다'는 국보위 시절, 당시 전 한 제약회사의 영업과장이었는데 기업부정과 비리를 조사한다고 모든 장부를 압수당한 뒤 무시무시한 곳에서 조사를 받았던 적이 있습니다. 그들은 거의 십여 년간 신뢰를 바탕으로 인간관계를 맺어온 거래처 사람들과 내가 몸담아온 직장에 타격을 입힐 그런 일들을 모두 털어놓으라고 강요했습니다.

그러나 나는 모든 책임을 내가 떠맡기로 결심하고 내 책임이라고 했고 옆방에서 조사를 받던 부장도 모두 자기 책임이라고 고집을 피웠습니다. 이렇게 서로 책임을 지겠다고 나서니 조사관들도 난감해하며 다음날 둘 다 귀가조치가 내려졌습니다. 내가 먼저 손해를 보겠다고 나섰던 용기가 도대체 어디서 나온 것인지 모르지만 제 삶에 중요한 진리를 깨닫게 만든 사건이었습니다.

이런 어려움들을 통해 저는 더 많은 것을 배우며 성숙해갔고 사업에 진출해서도 큰 도움이 되었습니다. 이런 경험들이 사업의 위기들을 무사히 넘기는 데 큰 도움이 됐던 것입니다. 인생에 위기가 닥쳤을 때 두려움을 물리치고 자신감과 기도로 하나님께 지혜를 구하는 우리가 되었으면 합니다. 감사합니다.

16

복지국가로 가는 길

복지 중 제일 중요한 복지는 일자리를 주어 땀 흘려 일하게 만들고 일할 수 없는 자를 도와주는 것입니다. 이런 복지국가가 바로 성경적인 복지국가라고 생각합니다.

요즘 새정부가 들어서고 복지국가를 지향하는 다양한 정책들이 제시되면서 이에 대한 다양한 의견과 찬반이 쏟아지고 있습니다. 저는 이 과정을 뉴스로 지켜 보면서 인간이 더 잘 살기 위한 노력은 태초부터 끊임없이 이어져 왔으나 그 어느 것도 확실한 답이 되지 못했음을 발견합니다.

하나님의 창조물인 인간이 하나님을 의존하는 신앙에서 벗어나려는 것이 인본주의 사상의 시작이라고 생각합니다. 이 사상이 르네상스라는 인본주의적 물줄기를 타고 현재 신학에도 도입되어 자유신학의 토대를 놓았고 종교다원주의 신학도 만들었다고 생각합니다.

또 하나님 없이 인간이 복지국가를 만들고 모두 잘 살 수 있게 한다는 공산주의가 한때 큰 세력을 갖고 평등과 낙원을 약속했었습니다. 그러나 이 모두 허구였으며, 공산주의가 잘 살기보다 가난과 불평등의 극치를 보여준 것을 역사가 증명합니다.

그리고 '요람에서 무덤까지'라는 구호를 외치며 서유럽에서 시작된 사회복지국가도 지금은 재정난으로 큰 고통을 받고 있습니다. 모든 국가들이 연금 자원의 고갈로 복지 유지를 어렵게 보고 있는 것입니다.

복지 혜택은 늘이기는 쉬워도 한번 늘려놓으면 줄이기는 정말 힘들다는 것을 아르헨티나 를 비롯 중남미 국가들을 통해 배우게 됩니다. 아무리 인간이 똑똑하다고 하며 복지국가를 만들려 해도 늘 한계성이 있다는 것을 여실히 보여주고 있습니다.

예수님은 "너희는 빵으로만 살 것이 아니요, 하나님의 말씀으로 살라"고 말씀하셨습니다. 엿새 동안 땀 흘려 일하고 하루 안식하며 하나님을 경배하라는 말씀을 우리는 기억해야 합니다.

미국을 건설한 청교도들은 이 말씀을 충실히 이행하여 모두가 잘 사는 미국의 기초를 놓았습니다. 일하기 싫으면 먹지도 말라는 기본 정신 아래, 복지국가를 건설한 것입니다. 보편적 복지가 아닌 선택적 복지 정책이 미국식 복지 정책입니다.

복지 중 제일 중요한 복지는 일자리를 주어 땀 흘려 일하게 만들고 일할 수 없는 자를 도와주는 것입니다. 이런 복지국가가 바로 성경적인 복지국가라고 생각합니다.

토지는 하나님의 소유이고, 가난한 자와 병든 자를 돌보아야 하고, 고아와 나그네를 도와주어야 한다는 성경말씀을 기억했으면 합니다. 이를 바탕으로 복지국가를 이루어 갈 때, 진정한 복지 한국이 될 것이라 확신합니다. 감사합니다.

17

꿀벌을 통해 얻는 지혜

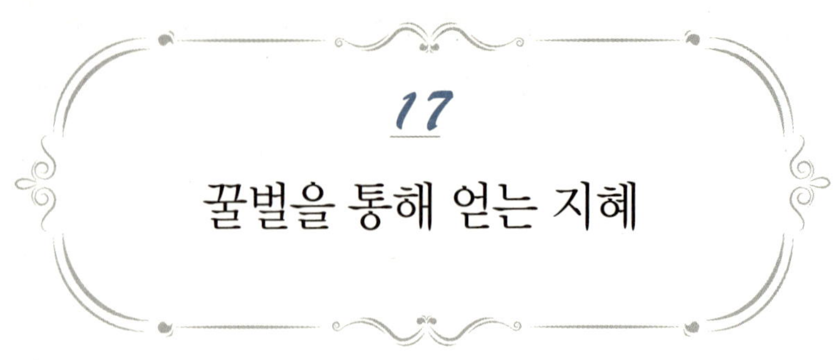

이 꿀벌의 단결과 단합이 시너지 효과를 발휘하는 것을 보면서
소기업이 대기업을, 약소국가가 강대국을 대항할 수 있는 유일
한 방법이 될 수 있다는 생각을 했습니다.

요즘 신문이나 TV, 잡지를 보면 새로운 정보와 뉴스가 산더미처럼
밀려옵니다. 신기하고 놀라운 것이 얼마나 많은지 모릅니다. 아날로그
시대의 변화 속도가 시속 50km로 달리는 자동차라면 디지털 시대는
시속 500km의 속도로 나는 비행기라고 할 수 있습니다.

국가간 기업간 변화도 많습니다. 대기업 중심으로 인수합병이 늘어
나고 강대국만이 살아남는 정글의 법칙, 약육강식의 경제철학이 적용
되고 있습니다. 즉 힘 있는 기업, 큰 기업, 기술 있는 기업이 작은 기업
을 흡수하는 현상이 계속 일어나고 있습니다.

근로자도 마찬가지입니다. 뛰어난 인재는 인기 야구선수, 축구선수 같은 고액 연봉을 받으며 스카우트 되지만 보통 근로자는 직장을 얻기가 힘든 세상이 점점 되어가고 있습니다.

인도의 '지피 족' 이라고 불리는 새로운 지식과 젊음을 가진 신지식인이 유럽과 미국의 일자리를 빼앗는다고 미국에서 큰 화제가 된 적이 있습니다. 이처럼 보통 사람, 보통 기업은 생존하기 어려운 시대가 되었습니다.

이렇게 보면 대한민국 같이 작은 나라, 그리고 작은 중소기업이 많은 나라는 많은 근로자와 공존공생 해야 하는데 걱정이 많습니다. 더구나 인건비가 인상되고 원자재가 오르고 있습니다. 일보다 휴무일을 기다리는 근로자의 요구는 해마다 늘어납니다. 회사도 나름대로 헤쳐 나가야 할 어려운 문제들이 엄청나게 많습니다.

저는 우연히 꿀벌과 말벌의 생존경쟁에서 아주 재미난 현상을 발견했습니다. 그리고 이 과정에서 놀라운 지혜를 얻었습니다. 꿀벌은 자신들보다 몇 배나 큰 말벌이 공격해오면 수십 마리가 하나로 뭉쳐 일제히 말벌에게 공격을 가한다고 합니다.

수십 마리의 꿀벌이 일제히 날갯짓을 해 섭씨 45도씨의 열을 내는데, 이는 말벌이 열에 약해 섭씨 45도가 되면 죽는다는 사실을 알고 있기 때문이었습니다. 그런데 더욱 놀라운 사실은 섭씨 45도 보다 더 높아

지면 꿀벌 자신도 죽기 때문에 절대로 그 온도 이상은 올리지 않는다
는 것입니다.

이 꿀벌의 단결과 단합이 시너지 효과를 발휘하는 것을 보면서 소기
업이 대기업을, 약소국가가 강대국을 대항할 수 있는 유일한 방법이 될
수 있다는 생각을 했습니다. 결국 전 직원이 하나로 똘똘 뭉쳐서 힘을
합친다면 못할 일이 없다는 결론이 나옵니다.

우리가 잘 아는 이승만 대통령이 '뭉치면 살고 흩어지면 죽는다'는
구호로 6·25전쟁에서 단결을 호소했습니다. 국론분열, 세대갈등, 빈
부격차 등 이 모든 것을 극복하는 길은 내 의견과 달라도 하나로 뭉치
려는 노력을 해야 합니다.

대한민국이 살고 기업이 살아갈 대안을 이 꿀벌들의 지혜에서 찾아
가길 원합니다. 성경에서도 시작은 미약해도 나중은 창대할 것임을 가
르쳐 줍니다. 당장 부족해 보여도 합하면 커집니다. 우리 개인과 기업
모두가 하나로 뭉쳐 세계 경쟁에서 살아남고 더욱 부강한 나라가 되었
으면 좋겠습니다. 감사합니다.

18
여행은 돌아갈 집이 있어 행복하다

우리는 광야같은 세상을 여행하는 여행객입니다. 이런 우리에게는 돌아갈 영원한 본향이 있어 참 행복합니다. 준비된 하늘나라의 소망이 있기 때문입니다.

수년 전 원로 목사님들과 일본 동경을 다녀온 적이 있습니다. 그런데 때가 겨울이었는데 갑자기 폭설이 내려 고속도로 위 버스 안에 일행이 갇히고 말았습니다. 40년만의 대폭설이라는데 이를 제대로 대비하지 못한 상태서 큰 트럭이 미끄러져 전복 되다보니 길을 막아버렸고 차가 막혀 이를 치울 수가 없었던 것입니다.

그래서 본의 아니게 우리 일행은 추운 날씨에 버스 안에서 밤을 지새우게 됐습니다. 당연히 잠도 자지 못했고 음식도 부족했고 생리 현상도 해결치 못해 매우 힘이 들었습니다.

그런데 참 놀라운 것은 고속도로에 갇힌 일본인들의 태도였습니다. 그들은 무슨 일이 벌어졌냐는 듯 차에서 조용히 기다렸습니다. 아무 것도 아닌 듯 소동이 전혀 없었습니다.

조용히 차 안에서 기다리는 모습에 감탄이 절로 나왔습니다. 과연 질서의 나라 일본이라는 생각이 들었습니다. 그런데 이렇게 도로정비가 늦어진 것이 매뉴얼에 따른 준비가 다 되지 않았기 때문이라고 했습니다.

몇몇 필요한 장비가 매뉴얼대로 오지 않았다는 이유로 일꾼들이 제설작업을 안 하고 그저 기다리고만 있었던 것입니다. 3시간 정도면 끝날 일을 20시간이 넘도록 안 하고 있는데도 불평하는 사람이 없었습니다. '빨리빨리' 문화 속에서 살아온 우리로선 매뉴얼에 따라 움직이는 일본문화를 도저히 이해하기 힘들었습니다.

눈이 그치고 길이 조금 열려 근처의 호텔로 갈 수 있었습니다. 따끈한 온천에 몸을 녹이고 식사를 하고 나니 내가 쉴 수 있고 먹을 수 있고 잠자리가 있다는 사실이 얼마나 행복한 지 몰랐습니다.

저는 이 때 이런 생각을 해 보았습니다. 그 도로가 결국 풀리지 않았더라면 우리는 마냥 기다릴 수만 없었을 것이고 모두 무릎까지 오는 눈밭을 서너시간 이상 걸어서 민가가 있는 곳으로 나와야 했을 것입니다.

우리의 인생도 세상을 끝내고 돌아가려는데 본향집이 우리를 받아 주지 않아 무작정 기다리다 다른 곳으로 발길을 돌려야 한다면 얼마나 허무하고 슬플까 생각해 보았습니다.

우리는 광야같은 세상을 여행하는 여행객입니다. 이런 우리에게는 돌아갈 영원한 본향이 있어 참 행복합니다. 준비된 하늘나라의 소망이 있기 때문입니다. 영원한 하늘나라를 소망하고 기대하면서 삶과 신앙을 성숙시키며 살아가는 우리 모두가 되었으면 합니다. 감사합니다.

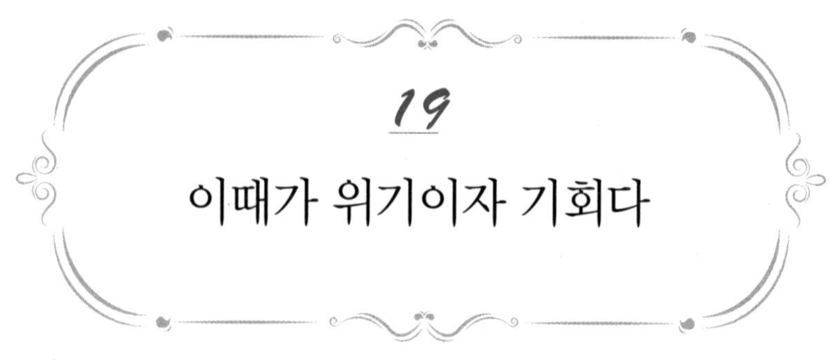

19
이때가 위기이자 기회다

날씨가 많이 춥습니다. 정국도 얼어 붙어 정치권과 국민 모두가 힘들
어 하고 있습니다. 대한민국이 위기라고들 말합니다. 그러나 저는 평소
직원들에게 자주 하는 말이기도 하지만 위기가 바로 기회라고 생각합
니다. 인생을 뒤돌아 보면 이 위기가 바로 현위치에서 한 단계 더 성장
할 수 있는 기회가 되었기 때문입니다.

저 역시 그랬던 것 같습니다. 제가 제약회사 영업사원으로 근무하다
무작정 회사를 그만두고 의약품 도매상을 차렸습니다. 외국 유명회사
에 승진도 보장된 안정된 직장에서 일하다 여직원 한 명과 새로운 사업
을 시작했는데 당시는 나 자신이 정말 한심하게 느껴질 정도로 초라했

습니다.

그러나 열심히 일해 도매상을 키웠고 몇 년이 지난 후 이제 제약회사를 경영해보자는 생각에 도매상을 정리했는데 그 때도 무척 힘이 들었고 고통스러웠습니다.

제약회사를 차리고 몇 년 더 지나자 이번에는 정부가 제시한 새로운 가이드라인에 따라 신규 공장을 짓고 규정에 맞춰 설비를 다시 갖춰야 했습니다. 이 때도 너무나 큰 투자 규모 때문에 회사가 존립의 위기를 맞을 정도로 힘에 부쳤습니다.

하지만 힘겹게 생산 시설을 갖추고 나니 회사가 급성장을 해 미국, 베트남, 이집트에 공장을 짓고 세계적인 기업으로 도약하는 기초를 닦을 수 있었습니다.

이처럼 우리에겐 어려움은 산넘어 산이란 말처럼 끝나지 않습니다. 위기는 넘어서자 또 위기가 다가옵니다. 그러나 이것을 극복하고 나면 반드시 선물이 주어지곤 했습니다.

그러기 위해 우리는 성경에서 말씀하시는 '장막의 끈'을 넓혀야 합니다. 성경은 무한한 도전을 두려워 하지 말라고 우리에게 가르쳐 줍니다.

하나님의 뜻에 부합하는 일에는 하나님이 반드시 동행해 주십니다.

이는 신앙의 목표도 마찬가지입니다. 신앙생활을 하면서도 좀 더 높은 영적 성숙의 목표를 세워야 하는 것입니다. 그리스도를 믿는 '의화의 단계'에서 예수님을 닮아 열매를 맺는 '성화의 단계'로까지 들어가야 합니다.

대한민국 정치가 위기라지만 이 위기를 통해 민주주의가 더 성숙되고 정치발전이 이뤄지고 부패의 사슬이 발을 붙이지 못한다면 이는 오히려 기회가 될 것입니다. 우리 모두 삶에서 또 영적으로 위기를 기회로 만드는 믿음의 신앙인이 되길 기도합니다. 감사합니다.

20

필요하고 존귀한 사람

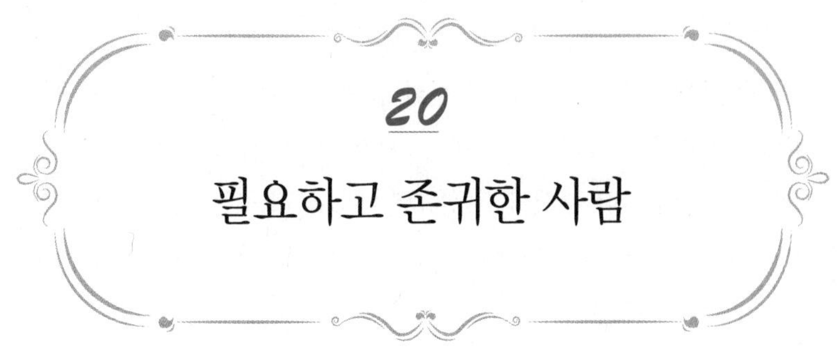

하나님의 사람은 가는 곳마다 번성케 하고 주변을 밝게 만듭니다. 매사에 감사하고 사람을 기쁘게 만들어 줍니다.

오늘은 우리가 사회생활을 하면서 꼭 필요한 사람, 주변에서 존귀함을 받는 사람이 되어야 한다는 이야기를 하고 싶습니다. 더구나 우리 크리스천은 성경말씀대로 행실을 통해 하나님께 영광을 돌려야 하기에 더더욱 그렇습니다.

옛날 어른들은 집안에 '복덩이'가 들어왔다는 이야기를 많이 했습니다. 아들을 낳고 사업이 잘 되었다거나 며느리가 들어와 집안이 화평해졌다면서 이런 표현을 썼던 것입니다. 다소 기복적인 요소가 있고 과장된 부분도 있지만 감사의 조건을 사람을 통해 찾았던 것은 이에 해당되는 개인에게는 기쁜 일이었을 것입니다.

우리 크리스천도 어디에서나 꼭 필요한 사람, 존귀한 사람, 옛 어른들이 말한대로 복덩이가 되어야 한다고 생각합니다. 저는 회사 대표로서 많은 직원들을 상대하게 됩니다. 그런데 똑똑하고 성실한 직원이 입사하면 자신이 속한 부서의 실적을 몇 배로 올려 놓는 것을 보곤 합니다. 반대로 부서의 분위기를 흐려놓고 자신은 물론 주변까지 피해를 주는 직원도 있습니다.

우리는 사회생활을 하면서 좋은 인연을 만들고 서로가 잘 되는 경우를 만들어야 합니다. 내가 상대에게 선한 영향력을 끼치고 또 도움을 준다면 참으로 기쁜 일입니다.

이처럼 우리는 어떤 사람을 만나 어떤 인연을 맺는가가 참으로 중요합니다. 한 젊은이가 아버지로부터 심한 마음의 상처를 받고 몇 년 동안 고생했는데, 성품이 좋고 뭐든 잘 감싸주는 아내를 만나 그 상처가 치유되었고 이후 목사가 되어 목회를 잘하고 있다고 합니다.

또 진로를 찾지 못해 고심하는 한 청년의 손을 잡아 그에게 필요한 조언과 적성에 맞는 일자리까지 주선해 준 경우를 보았습니다. 앞선 목회자의 아내나 이 청년의 손을 잡아 준 멘토는 말 그대로 그들에게 복덩이였습니다. 누구의 복덩이가 될 수 있다는 것은 인생에서 참 보람 있고 가치있는 일이 아닐 수 없습니다.

그런데 많은 사람들이 자신에게 누가 복덩이가 되어 줄지를 기대하고 기다리지만 정작 자신이 복덩이가 될 생각은 하지 않습니다. 그리고 정작 자신에게 큰 도움과 용기를 준 복덩이였음에도 이를 모르고 넘어가는 경우도 많습니다. 후일 그 고마움을 깨닫고 가슴을 치는 경우를 많이 보았습니다.

이 복덩이에 대한 내용을 성경에서도 찾을 수 있습니다. 요셉이 보디발의 종으로 들어갔을 때 하나님께서는 요셉을 보시고 보디발의 집에 큰 복을 주셨다고 성경은 말합니다. 요셉 때문에 보디발의 집은 번성해 큰 부자가 되었던 것입니다.

하나님의 사람은 가는 곳마다 번성케 하고 주변을 밝게 만듭니다. 매사에 감사하고 사람을 기쁘게 =만들어줍니다. 우리는 스스로 가정에서 직장에서 또 친구들에게 과연 어떤 사람인지를 점검해 보았으면 합니다. 내가 복덩이가 될 때 나 역시 더 많은 복덩이를 만날 것이란 생각을 해봅니다. 감사합니다.

"항상 기뻐하라 쉬지 말고 기도하라, 범사에 감사하라
이것이 그리스도 예수 안에서 너희를 향하신 하나님의 뜻이니라"(살전 5:16-18)

감사하며 사랑하며

21

희망이 주는 힘

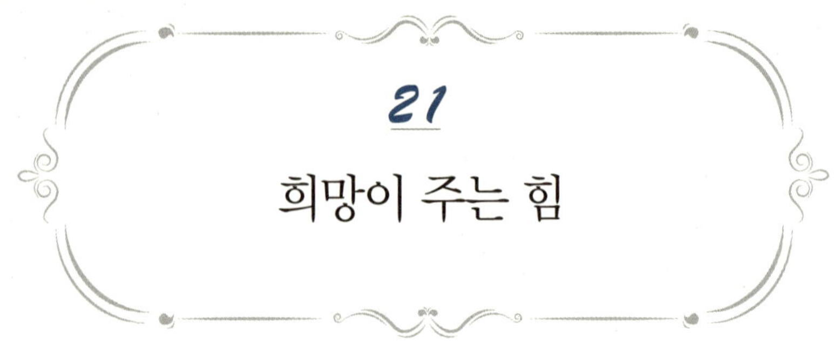

> 절망의 시기를 절망으로 보지 않고, 절망 속에서 우리가 성장할
> 수 있는 희망을 찾았을 때 회사는 놀랍게 성장했습니다. 가장
> 어렵다고 생각하는 시기가 바로 가장 성장할 수 있는 기회였습
> 니다.

오늘은 크리스천들 뿐만 아니라 많은 사람들의 삶에서 희망이 얼마나 중요한지를 이야기 하려고 합니다. 덴마크 실존철학자 키에르 케고르는 '죽음에 이르는 병'을 '절망'이라고 했습니다. 즉 절망에 빠진 사람들이 바로 죽음에 다가가는 병에 걸린 인간이며 결국 절망이 인간을 죽음으로 이끈다는 것입니다.

그런데 이와 반대로 '희망의 철학'이란 책을 쓴 독일의 블노흐는 "오직 인간만이 희망을 가질 수 있다"고 했습니다. 절망으로 캄캄한 인생에 희망의 불을 밝히면 세상은 다시 살 길을 찾을 수 있다는 것입니다.

희망이 곧 절망을 이겨낼 에너지인 셈입니다. 그것은 희망이 우리 인생 전체를 이끌 수 있는 강력한 힘을 가지고 있기 때문입니다. 1997년 시작된 IMF 위기의 엄청난 고통이 제가 경영하는 제약회사에도 당연히 밀려왔습니다. 그러나 제가 오랜 기간 신앙생활을 하면서 성경을 통해 깨달은 진리 역시 절망을 극복할 수 있는 것이 바로 희망이라는 사실이었습니다.

그래서 깊은 절망에서 신세한탄으로 세월을 허비하거나 뒤로 물러가지 않고 좌절하지도 않았습니다. 오히려 역으로 IMF 위기 때 성장이라는 희망의 씨를 과감히 뿌렸고, 이 작은 희망들이 모이고 모여서 아름답고 큰 희망이 되었습니다.

그 당시 모든 기업들은 움츠리고 구조조정과 경비 절감에 온통 정신을 쏟았습니다. 모든 기업이 급여를 줄이고 직원을 해고할 때 우리 회사는 오히려 새로운 설비투자를 하면서 급여도 더 인상하고 또 직장을 잃은 유능한 연구원들을 모아 연구소를 보강했습니다.

물론 그렇게 할 수 있는 능력도 주셨지만 이런 결단을 내리게 한 것은 주님의 도우심이라고 저는 믿습니다. 사업을 확장하는 용기와 자신감은 신앙에서 출발했기 때문입니다.

저희 회사도 몇 개월씩 매출이 떨어지고 수금도 잘 안 되는 어려운 상황에 직면했던 상황이 있었습니다. 하지만 위기라고 해서 그것이 지나가기만을 소극적인 자세로 기다릴 것이 아니라 위기를 기회로 만들기 위해 더욱 적극적인 공세를 펴야 한다는 것이 신앙에서 얻은 저희 경영 철학입니다.

저는 절망의 시기를 절망으로 보지 않고, 절망 속에서 우리가 성장할 수 있는 희망을 찾았을 때 회사는 놀랍게 성장했습니다. 가장 어렵다고 생각하는 시기가 바로 가장 성장할 수 있는 기회였습니다.

보통 사업이 어려워지고, 절망에 처하게 되면 더 주님 앞에 매달려 기도하게 됩니다. 이 때 하나님께서 주시는 희망과 자신감은 어떤 상황이라도 우리를 이겨내게 해 줍니다.

오직 하나님께 의지하고 맡기며 기도할 때 절망을 이겨낼 수 있는 길이 나타납니다. 하나님의 인도하심대로 기업을 운영하기로 마음을 먹으면 희망이 생겨나기 시작합니다.

그래서 저는 어려움을 만난 많은 사업가들에게 "오직 주만 의지하오니 새 희망을 주옵소서."라고 기도할 것을 권면합니다. 이 기도가 바로 제가 절망에 처했을 때 언제나 드리는 기도이기 때문입니다. 감사합니다.

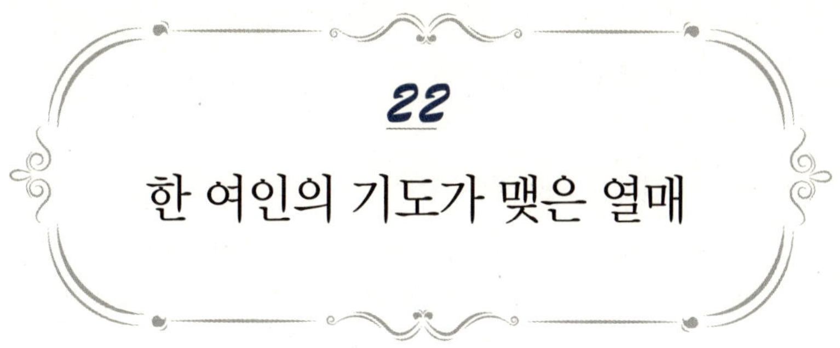

한 여인의 기도가 맺은 열매

무의미하게 보이던 한 여인의 기도는 그 당시는 쓸모없어 보였
지만 세월이 지나면서 그 위대한 기도의 힘을 알게 되었습니다.

날씨가 많이 추워졌습니다. 건강에 유의하시고 오늘은 오래전 세상
을 떠나셨지만 저희 어머니의 신앙 이야기를 하려고 합니다.

저는 어머니를 일찍 여의었습니다. 초등학교 3학년 때 돌아신 것으로
기억됩니다. 제 어머니는 그 당시 말로 지독한 예수쟁이셨습니다. 매일
기도와 성경책 보는 일을 가장 중요하게 여기며 사셨습니다. 어머니는
많은 사람들이 앓던 폐병에 걸리셔서 일을 거의 못하셨고 하나님께 모
든 것을 의지하시며 사셨습니다.

부친이 사업을 하셔서 경제사정은 넉넉했지만 어머니는 치료를 약에

의존하지 않으시고 기도로만 치료하시겠다고 고집하셨고, 그런 어머니의 뜻을 아무도 말리지 못했습니다.

철저한 불교신자인 외할머니는 딸이 측은해 좋다는 약은 모두 가져다가 딸에게 주었으나 그 약들은 모두 쓰레기통으로 들어갔습니다. 저는 어렸을 때 이런 어머니를 정말 이해할 수 없었고 제발 약을 드시고 원기를 회복하시면 얼마나 좋을까 하고 마음속으로 생각했습니다.

그러나 어머니는 늘 기도에 힘쓰셨고 그 기도 내용 속에 "불교 집안인 친정집 식구와 남편이 예수를 믿게 해달라."가 항상 들어 있었습니다. 어린 마음에도 어머니가 이해되지 않았습니다. 그리고 건강이 좀 좋아지면 가끔씩 저를 데리고 기도원으로 가셨습니다.

저의 아버님은 몇십 년 동안 그런 어머니를 군말 한마디 없이 뒷바라지하며 사셨는데 참으로 대단한 분이셨습니다. 병든 부인을 사랑하고 늘 잘 대해 주셨는데 지금 생각해도 저는 그런 너그러움을 따라갈 수 없을 것 같다는 생각이 듭니다.

어머니는 건강이 좀 좋아지시면 봄, 가을에 수십 명의 교인들을 집으로 초청하여 가정부흥회를 열었고, 모든 경비는 교인도 아닌 아버지가 아무런 불평 없이 다 후원해 주셨습니다. 그리고 아버지는 가끔 어머니께 금반지, 목걸이 등 패물을 선물하셨는데 몇 달이 지나면 패물은 헌금이 되거나 팔아서 쌀을 사신 뒤 숭인동 판자촌에 나누어 주셨습니다. 어머니는 질병 속에서도 늘 성경대로 사시려고 노력했던 것 같습니다.

어머니는 십여 년 동안 투병하시다 결국 돌아가셨는데 저는 그때 그 것으로 끝이라고 생각했습니다. 그러나 어머니의 죽음은 그걸로 끝이 아니었습니다. 그 때 그렇게 염원했던 어머니의 기도가 하나 둘 이루어 진 것입니다. 완고했던 외갓집 전 식구가 하나 둘 기독교로 개종했고, 지금은 외갓집 자손 어느 누구도 신자가 아닌 사람이 없습니다. 그리 고 우리 집안도 모두 기독교인이 되었습니다. 더 큰 물질의 복도 주셨 습니다.

무의미하게 보이던 한 여인의 기도는 그 당시는 쓸모없어 보였지만 세월이 지나면서 그 위대한 기도의 힘을 알게 되었습니다.

한 알의 밀알이 땅에 떨어져 썩어 몇십 배, 몇백 배의 열매를 맺는다 는 것을 저는 저의 가족사를 통해 이야기하고 싶어 이렇게 말씀을 드 린 것입니다. 하나님은 살아 계시고 간구하는 자에게 자손대대로 축복 하여 주시는 것을 저는 분명히 확신하고 있습니다. 감사합니다.

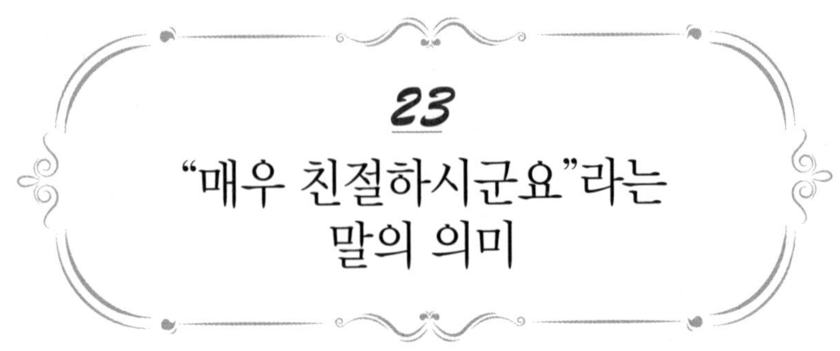

누구에게나 조건없이 베풀고 보상을 기대하지 말라고 합니다.
대신 하늘에서 우리에게 되돌려 주신다고 합니다.

출근길에 계신 여러분들과 이 아침에 크리스천들에게 꼭 필요한 덕목인 '친절'에 대해 이야기를 하고자 합니다.

사람들은 다른 사람과 만남을 가질 때 무언가 얻고자 하는 생각을 순간적으로 하게 된다고 합니다. 부자를 보면 '혹시 내게 금전적으로 도움이 되지 않을까' 하는 기대감이 생기고 정치인이나 권력 있는 사람을 만나면 '내가 나중에 청탁을 할 수 있지 않을까' 하는 것 등입니다.

아기가 어머니를 만나면 젖을 기대하고, 교인이 목사를 만나면 은혜로운 말씀을 기대하며, 목회자가 성도를 만나면 교회에 헌신하고 봉사해 줄 것을 기대하게 됩니다. 사람들은 이런 기대감을 순식간에 느낀다고 합니다.

그리고 상대방이 자신의 욕구를 충족시켜 줄 때 "당신은 매우 친절하시군요"라는 말을 합니다. 영어로 "Very Kind"라는 이 말은 미국인이 가장 잘 쓰는 말 중에 하나라고 합니다. 반면에 사람들은, 가난하거나 병든 사람을 만나는 것을 꺼리고, 그들과 어울리지 않는 것은 물론 따돌리거나 경멸하는 경우까지 있습니다.

하지만 내가 아무 것도 받을 수 없는 사람들에게 다가가, 무언가를 베풀고 그들을 보듬어 주는 것을 우리는 '조건없는 사랑'이라고 부릅니다. 기독교는 가난한 자, 힘없는 자, 도움이 필요한 자에게 다가가 그들에게 먹을 것을 주고, 치료해 주며, 상처를 보듬어 주라는 말씀이 있습니다.

이것이 바로 '네 이웃을 사랑하라'는 기독교의 기본 정신입니다. 성경 말씀은 알지만 사실 참으로 지키기 힘든 일입니다. 누구에게나 조건없이 베풀고 보상을 기대하지 말라고 합니다. 대신 하늘에서 우리에게 되돌려 주신다고 합니다.

인간은 잠깐은 몰라도 다른 누군가를 끝까지 도와줄 수는 없습니다. 그러나 예수님은 그렇지 않습니다. 언제나 끝까지 사랑을 지니고 도와주시는 분입니다.

이런 점애서 정말 'Very Kind'한 사람은 이웃에게 정성껏 예수님의 존재를 알리고 이웃사랑을 실천하는 사람입니다. 이 일에 일생을 걸고 전도하는 사람이야말로 우리의 소중한 이웃이요 친구라는 생각을 해 봅니다.

결론적으로 '매우 친절한 사람'이 되는 방법은 이 세상에서 빛과 소금의 역할을 잘 수행하고 하나님을 알리고 전도하는 것, 성령께 의지해 늘 기도하며 사는 것이 아닐까 생각해 봅니다. 감사합니다.

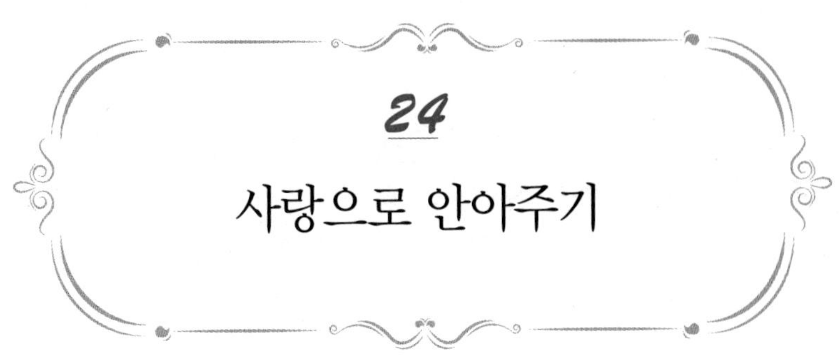

24

사랑으로 안아주기

상대를 이해하고 안아줄 때 분노는 사라지고 사랑이 샘솟고 옥시토신이 분비돼 건강에 좋은 효과를 나타냅니다. 결국 성경이 진리인 것입니다.

오늘은 나눔과 사랑, 배려가 어떤 결과로 우리에게 되돌아 오는지 이야기해 보고 합니다. 미국 병원에서는 질병치료의 한 방법으로 '안아주기'를 실시한다고 합니다. 그래서 미국은 전문적으로 안아주는 직업도 있습니다. 우울증 환자들을 비롯해 다양한 환자들에게 치료효과를 거두고 있다고 합니다. 이 '안아주기' 치료는 30분에 60달러, 1시간에는 100달러 정도로 치료비가 비싼 편이라고 들었습니다.

여성을 포근히 안아줄 경우 여성에게서 옥시토신이라는 호르몬이 분비되어 세포를 활성화시키고 병치료에 효과를 본다는 것입니다. 특히 면역력이 오르는데 남성도 마찬가지로 이 호르몬이 분비되어 동일한 치료 효과가 있다고 합니다.

이 호르몬은 안아주는 것 같은 육체적인 접촉뿐만 아니라 정신적으로 선행을 베풀 때에도 분비된다고 합니다. 평생 빈민을 위해 헌신적으로 봉사한 테레사 수녀의 이름을 따 '테레사 효과'라고 불리기도 합니다.

즉 다른 사람을 용서하고 배려하며 따뜻하게 정신적으로 안아줄 때 이 호르몬이 나와 자신의 병도 치료된다는 것입니다. 직접 선행을 하지 않더라도, 다른 사람이 하는 선행을 보고 감동하기만 해도 이런 간접 효과가 있다고 합니다. 용서와 화해의 행위가 자신의 건강을 증진시키고 무병장수하게 해준다는 것은 놀라운 일이 아닐 수 없습니다.

요즘 언론에서 수시로 나오는 뉴스 중의 하나가 어린이집 교사나 보모가 어린이들을 학대해 경찰의 수사를 받는 이야기입니다. 이 때 마다 모든 국민들이 어떻게 저런 무식한 행동을 할 수 있는지 이해를 못하며 분노를 터뜨리곤 합니다.

제법 오래 전 제가 어린 손자 4명을 동시에 돌보아야 하는 상황이 있었습니다. 얼마나 시끄럽고 장난을 치는지 2시간 남짓 보았는데도 녹초가 되고 말았습니다. 수십명을 돌보고 먹이고 가르쳐야 하는 보육교사가 얼마나 힘들지 이해가 되었습니다.

문제가 된 보육교사들은 떠들고 장난치는 아이들을 돌보는 버거운 현실에 짜증이 났고 화를 참지 못해 이런 결과로 이어진 것이라 여겨집니다. 장난치는 아이를 감싸주고 사랑한다고 말하며 네가 지금 한 행동이 잘못됐다는 것을 잘 타일러주었다면 하는 아쉬움을 가져 봅니다.

사실 보육교사는 월급도 적고 격무에 시달리는 사회적 약자입니다. 이런 사건으로 어린이집 교사들을 매도하지 말고 오히려 우리가 보육교사를 사랑으로 안아줄 차례라고 생각합니다. 그래서 그 사랑이 진정 아이들을 사랑하게 하고 아이들을 따뜻하게 보살피는 방법을 가르쳐 주게 되는 것이라고 생각됩니다.

성경은 '왼 뺨을 맞으면 오른 뺨도 내밀어라', '겉옷을 빼앗기면 속옷도 주라'는 현실적으로 이해되지 않는 가르침을 합니다. 그런데 이 말이 맞는 것이 상대를 이해하고 안아줄 때 분노는 사라지고 사랑이 샘솟고 옥시토신이 분비돼 건강에 좋은 효과를 나타냅니다. 결국 성경이 진리인 것입니다.

주변의 가족과 약자, 소외된 이들을 안아 주었으면 합니다. 설사 나를 괴롭히고 저주한 자들까지도 품어주면 결과적으로 내가 결국 더 큰 하나님의 은혜와 도우심을 입는 것이라고 생각해 봅니다. 감사합니다.

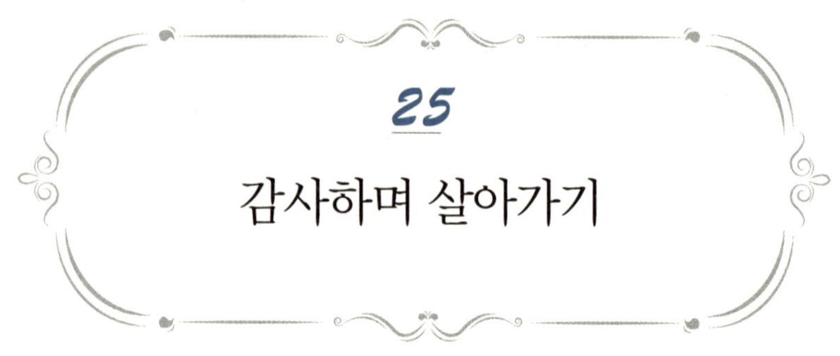

25

감사하며 살아가기

성경은 우리에게 정말 지키기 힘든 내용을 하라고 가르치는 것이 꽤 많습니다. 오늘은 신앙인으로 왜 감사하며 살아가야 하는지를 여러분과 나누려고 합니다.

성경은 우리에게 무조건 사랑하고 양보하며 나누고 섬기라고 가르칩니다. 요즘처럼 이기주의가 만연하고 양보를 모르는 현대인에게는 정말 미련한 생각으로 받아들여질 정도입니다. 특히 이윤추구를 생명으로 하는 기업인들에게는 너무나 동떨어진 말로 들립니다. 그러나 우리는 이 속에 깊은 진리가 있다는 것을 발견해야 합니다.

오래 전 경쟁업체에서 단시일에 우리 회사 직원 10여명을 스카우트해 간 적이 있었습니다. 그 결과 우리는 영업망이 붕괴되고 매출에 막대한 지장을 받게 되었습니다. 결국 이런 부당행위를 한 회사를 그냥 묵과할 수 없었고 법적인 문제로까지 가게 되었습니다.

그런데 이 상황을 법적으로 진행하다 보니 예상치 못한 문제가 생겼습니다. 법적인 문제를 회피하려면 그쪽 회사가 직장을 옮긴 전 직원들을 오히려 다 해고할 수 있다는 것이었습니다. 그들은 우리 회사로 다시 올 수도 없을 것이고 저의 갈등이 심했습니다.

개인적으로 보면 아주 화가 나고 직원들이 원망스럽기도 하지만 그래도 오랜 기간 나와 함께한 직원들인데 한번의 판단 잘못으로 직장을 잃어서는 안될 것 같다는 생각이 들었습니다.

저는 크게 마음을 먹었습니다. 이왕 옮겨간 회사이니 우리 직원들을 애초에 약속한 대로 대우를 잘 해주고 해고도 하지 않는다면 고소를 취하하겠다고 상대 회사에 통보한 것입니다. 그쪽 회사에서 우리 조건을 마다할 이유가 없는 것은 너무나 당연했습니다.

그런데 신기한 것은 제가 이런 결정을 내리자 옮겨간 직원에 대한 노여움도, 상대회사에 대한 분노도 모두 사라졌다는 사실입니다. 저는 아주 편안한 마음이 되었습니다. 주변에서도 아주 의외의 결정으로 받아들이면서도 잘했다고 축하해 주었습니다.

바보스럽지만 슬기롭게 지는 것도 나쁘지 않다는 생각이 들었습니다. 매번 이기는 것만 생각하면 내 생각이 황폐해지고 마치 투사가 되는 것 같았는데 지는 것을 배우니 이 또한 새로운 즐거움을 선사한다는 것을 알게 되었습니다.

우리는 인생을 살면서 승리하고 이기는 것만 추구할 것이 아니라 지는 것, 너그러움, 남을 배려하는 마음, 이러한 말들의 의미를 한번 더 되새겨 보았으면 합니다. 이 속에서 더 큰 기쁨과 감사가 나오게 됩니다.

많은 젊은이들이 주변에서 대우를 조금만 더 잘해준다면 쉽게 직장을 옮깁니다. 직업윤리가 너무 쉽게 허물어져 있습니다. 작은 것을 불평하지 말고 그마저도 얻지 못해 방황하는 많은 젊은이들이 있다는 것에 감사하며 자신의 일에 최선을 다하는 젊은이들이 많이 나왔으면 합니다.

성경은 우리에게 '범사에 감사하라'고 가르칩니다. 감사하면 모든 것이 긍정적으로 변하고 좋은 쪽으로 생각되어 흐뭇해지기 때문입니다. 내가 살아 숨 쉬고 있고 두 발로 땅을 딛고 건강하게 걸을 수 있으며 일할 수 있다는 것 이것만도 얼마나 감사한지 모릅니다.
진정한 감사는 모든 것을 변화시키는 또 다른 능력이라는 말에 깊이 공감하지 않을 수 없습니다. 감사합니다.

26

감사가 제사보다 낫다

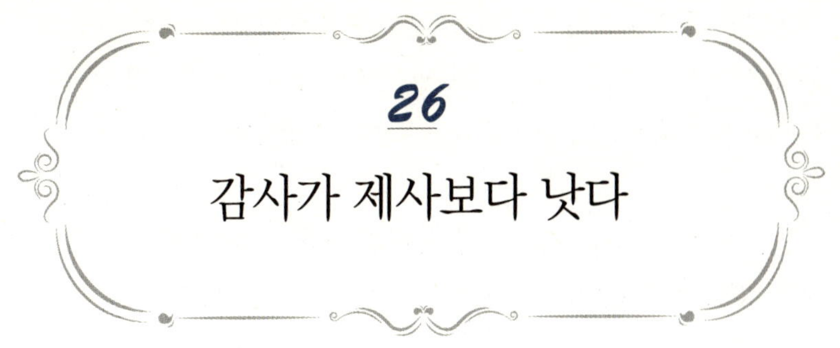

감사는 마음을 전달하는 통로입니다. 내가 상대에게 진심으로
감사하는 마음을 가지면 이 마음은 마음으로 전달돼 기쁨을
생산하고 보람을 만들며 자신감을 갖게 합니다.

얼마 전 어느 자매의 이야기를 우연히 전해 듣고 매우 놀란 적이 있습니다.

언니가 "지금 이혼하면 위자료를 얼마나 받을 수 있을까?"하고 동생에게 물었다고 합니다. 환갑이 넘은 나이에 이혼을 생각하는 언니의 말을 듣고 동생은 깜짝 놀랐는데 언니가 황혼 이혼을 생각하고 있었던 것입니다.

동생은 언니에게 30년이 넘는 동안 동고동락해 왔고 질병을 만났을 때 정성껏 간호해 준 남편과 꼭 헤어져야 되겠느냐고 동생이 설득하자 이렇게 말했다고 합니다.

"병이 나서 아픈 사람은 정작 나였다. 다른 그 누가 당사자인 나보다 더 아팠겠는가."라고 말입니다.

이 말을 들은 동생은 "난 언니를 위해 남편과 시댁의 반대를 무릅쓰고 장기까지 이식해 주었는데 자신만 생각하지 말고 모두에게 감사하는 마음을 가지라"고 심하게 핀잔을 주었다고 합니다.

전 이 이야기를 듣고 저도 느낀 바가 참 많았습니다. 세계 각국에 공장과 영업망을 갖춘 기업의 CEO가 된 지금 그동안 나를 도와준 많은 사람들과 내 가족들에게 과연 진정으로 감사하는 마음을 가졌는지 살펴보게 되었기 때문입니다.

1970년대 초 우리나라의 국민소득은 북한보다 낮았습니다. 열사의 나라 중동과 봉제공장에서 묵묵히 땀 흘린 장한 부모님들의 헌신으로 오늘의 대한민국이 있었음을 감사해야 합니다.

얼마 전 관련 공기업의 CEO 간담회가 있었습니다. 섬김과 봉사, 산업 발전과 안전을 추구하겠다는 공기업장의 인사말에 많은 CEO들은 진심으로 감격했습니다. 이제 대한민국은 조용히 변하고 있습니다.

기업이야말로 세계에 나가 경쟁하고, 돈을 벌어 세금을 내고, 일자리를 창출하며, 연구 개발을 통해 학문을 발전시키는 주인공입니다. 더 나아가 기업은 세계 시장의 최전방에서 뛰는 군인이요, 영업사원인 것입니다.

서로가 서로에게 감사했으면 합니다. 부모님, 스승, 친지들에게 따뜻한 감사의 마음을 보내고 정치인이 국민에게 감사하고, 국민은 열심히 일하는 정부에 감사와 격려를 보낼 수 있는 풍토가 조성됐으면 합니다.

감사는 마음을 전달하는 통로입니다. 내가 상대에게 진심으로 감사하는 마음을 가지면 이 마음은 마음으로 전달돼 기쁨을 생산하고 보람을 만들며 자신감을 갖게 합니다.

감사가 제사 보다 낫다는 성경말씀에 귀를 기울이고 나를 아는 모든 사람들에게 감사하고 감사를 표해보면 어떨까요. 우리의 인생이 훨씬 더 풍요로워질 것이라 생각됩니다. 감사합니다.

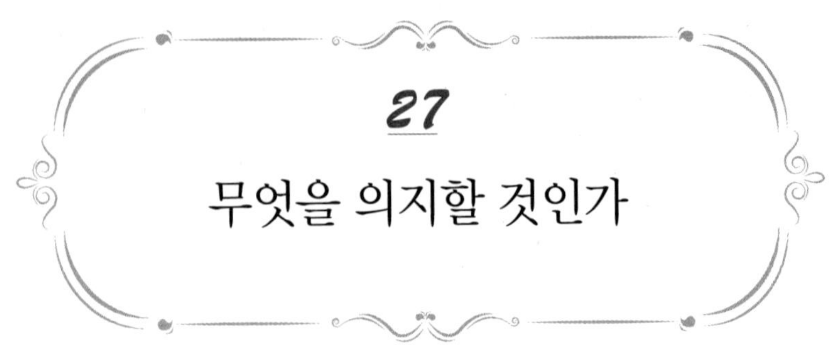

> 누구나 시련 없이는 신앙이 크게 성장할 수 없습니다. 시련은
> 인내를 낳고, 인내를 통해 더욱 강하고 담대한 주님의 백성이
> 되는 경우가 많습니다. 그래서 어려움에 힘을 잃지 말고 극복해
> 야 하는 것입니다.

지난 설연휴를 앞두고 직원이 결제를 받다가 우리 회사와 거래하는
한 기계제작회사 사장 이야기를 꺼냈습니다. 그 사장은 평소 그렇게
좋아하던 술과 담배를 끊고 신앙생활을 막 시작했다고 합니다. 새벽기
도도 다니는데 신앙을 가진 후 연달아 좋은 일만 생긴다며 기뻐했다고
합니다.

그런데 그 사장이 큰 시련을 만났습니다. 수출키로 한 막대한 물량
의 기계가 선적기일이 늦어지면서 자금순환이 안되고 자칫 도산될 위
기를 겪게 된 것입니다. 설을 앞둔 직원들에게 보너스와 월급을 주어야
하는데 방법을 찾지 못했다고 합니다. 사장은 그동안 끊없던 술을 다

시 마시기 시작했고 며칠 동안 수십병의 소주를 마시고 인사불성이 되어 버렸다고 합니다.

그는 이제 막 신자가 되어 열심히 신앙생활을 했는데 왜 이런 시련이 닥쳤는지 모르겠다며 신앙에 회의가 들었다고 합니다. 초신자이니 당연히 그랬을 것이란 생각이 듭니다. 그러면서 직원은 그 분이 우리 회사가 발주한 기계 대금을 아직 납품 전이지만 미리 받고 싶어한다고 제게 보고했습니다.

저는 어려움을 만난 이 사장을 보며 이 시련을 기도로써 극복하면 그것이 곧 신앙의 증거가 되고, 이를 통해 하나님께서는 우리를 완전한 하나님의 사람으로 변화시켜주실 수 있다는 생각을 하게 되었습니다.

누구나 시련 없이는 신앙이 크게 성장할 수 없습니다. 시련은 인내를 낳고, 인내를 통해 더욱 강하고 담대한 주님의 백성이 되는 경우가 많습니다. 그래서 어려움에 힘을 잃지 말고 극복해야 하는 것입니다.

신앙생활을 오래 한 신앙인들은 이런 경우, "기도해 주겠다", "잘 될 거야"라고 말로만 위로하는 경우가 많습니다. 배고픈 사람에게 "맛있는 것 많이 먹으라"고 말만 하면서 밥을 주지 않는 사람은 믿음이 없는 사람이라고 야고보 사도는 말씀합니다. 믿음에는 행함이 따라야한다는 말씀인 것입니다. 말로만 하는 행위는 소용이 없습니다.

요구한 기계 대금을 미리 주면 밀린 급여가 다 해결되느냐고 물었더니 모자라지만 나머지 융통은 가능하다고 했습니다. 마음을 졸이던 직원들은 기쁜 마음으로 고향에 갔다는 이야기를 듣고 저 역시 아주 흐뭇했습니다. 이처럼 기업을 운영하는 사장의 역할은 쉽지 않습니다. 반기업 정서가 대세인 요즘, 한숨 속에 속만 태우는 사장들이 적지 않을 것이라 여겨집니다.

저는 기업인들에게 좋으신 예수님께 의지할 것을 권합니다. 하나님께 기도하면, 하나님께서 지혜를 주시고 길을 열어 주실 것입니다. 그 믿음이 있으면 이 세상을 어렵지 않게 살아갈 수 있는 큰 힘이 됩니다. 감사합니다.

28

고독사와 교회의 배려

고독한 노년에 대한 교회의 배려는 물론 따뜻한 말로 위로하고 섬겨드리는 것이 꼭 필요합니다. 다시 한번 부모는 물론 주변 어르신들을 잘 챙겨 드려야 한다는 사실을 깨닫게 됩니다. 감사합니다.

언젠가 전 조간신문에서 80세 노모가 아파트에서 뛰어내려 자살했다는 기사를 본 적이 있습니다. 그 이유는 고독사였습니다. 이후에도 노인들이 우울증과 외로움에 극한 선택을 한 것을 뉴스에서 자주 볼 수 있었습니다.

누구나 나이가 들면 노인이 되고 늙습니다. 화려하고 멋진 삶을 살았다고 해도 힘이 없고 경제력이 상실된 노인은 사회에서 크게 환영받지 못합니다. 자녀들조차도 도움을 받아야지 도움을 주어야 하는 부모는 잘 섬기려 하지 않습니다.

제가 아는 권사님 한 분은 교회에서 열심히 봉사하며 최선을 다해 신
앙생활을 해 왔는데 이제 나이가 많으니 교회성가대에서 물러나 달라
는 요구를 받고 너무나 큰 상처를 받아 울면서 하소연하는 것을 들은
적이 있습니다. 또 어떤 교회는 노인학교가 예산이 많이 든다고 폐지하
고 그 예산으로 선교를 하겠다는 이야기를 들은 적도 있습니다.

교회는 약하고 소외된 자를 돕는 곳입니다. 성경은 고아와 과부와
노인을 돌보고 존경하라고 가르칩니다. 노인들이 오늘의 교회를 이끌
어온 신앙의 선배들임을 잊지 말고 감사하며 공경해야 하는 것은 너무
나 당연합니다.

성경에 '네 형제 부모를 돌보지 아니하고 남을 돌본다고 하는 것은
악한 자보다 더 악한 자'라는 말씀이 있습니다. 어찌 형제자매와 평생
교회에 몸 바친 분들을 돌보지 않고 선교를 할 수 있을까. 왠지 서글
픈 느낌을 지울 수 없었습니다.

선교도 중요하고 젊은이를 위한 전도도 중요하고 북한돕기도 중요
합니다. 그러나 '네 부모에게 효도하라'는 성경 말씀도 그에 못지않게
중요하다는 사실을 알았으면 합니다. '네 늙은 교회 형제를 돌보라'는
말씀도 반드시 기억할 필요가 있습니다.

또 우리는 살면서 내가 말한 한 마디가 상대방에는 송곳이 되어 큰
아픔과 상처로 다가간다는 사실을 알아야 합니다. 또 상대가 아무말

하지 않고 평온하게 살아가는 것처럼 보여도 그 마음이 엄청난 상처로 고통받고 자칫 극한 선택도 하게 되는 것입니다.

고독한 노년에 대한 교회의 배려는 물론 따뜻한 말로 위로하고 섬겨 드리는 것이 꼭 필요합니다. 다시 한번 부모는 물론 주변 어르신들을 잘 챙겨 드려야 한다는 사실을 깨닫게 됩니다. 감사합니다.

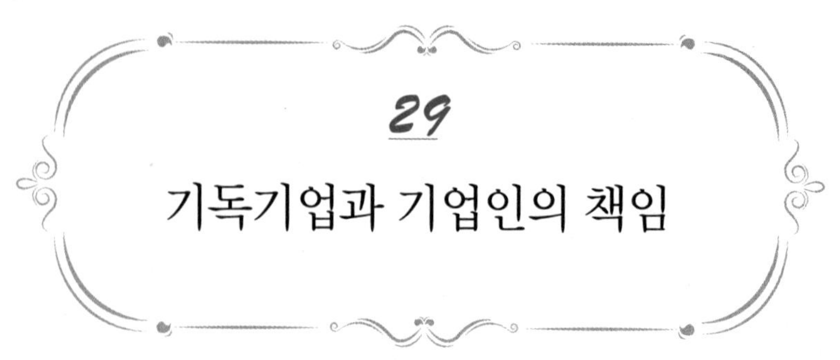

기독기업과 기업인의 책임

> 진리도 아닌 것을 가지고 수많은 사람을 이끄는 타 종교도 이
> 렇게 엄청난 시설과 재력을 자랑하는데 진정한 진리 되시는 하
> 나님의 말씀을 갖고 선교에 실패한다면 나중에 그 책임을 무엇
> 으로 변명할 수 있을지 두려운 생각이 듭니다.

미국 경제전문지 포브스가 선정한 아시아 태평양 200대 기업에 저희 회사가 선정되어 시상식 참석차 싱가포르를 방문한 적이 있습니다. 시상식 후 차이나타운을 방문했는데 땅값이 비싼 요지에 화려하고 웅장한 절이 들어 서 있었습니다.

절 1층은 예불장소와 박물관을 갖추었고, 2층과 3층은 다과와 컴퓨터가 구비되어 있는 관광객 휴게실이었습니다. 모두 영어로 쓰여져 무료로 개방돼 이를 이용하는 외국인들을 쉽게 찾아볼 수 있었습니다.

쉽고 편하게 불교를 접할 수 있도록 마련한 곳이었습니다. 불교를 관광객에게 알리는 탁월한 포교 방식이었는데 땅은 지역주민이 기증하고, 절은 불교를 믿는 실업인들이 시주한 돈으로 지었다고 합니다.

또 오래 전 하와이에 갔을 때 대표적 관광 코스인 폴리네이션 박물관을 방문했는데 수십만평의 땅에 완벽한 운영시스템을 갖춘 놀랄만한 장소여서 매우 놀랐습니다. 그런데 바로 이곳이 개인 소유지고 그 소유자는 몰몬교 신도라는 것이었습니다. 이곳을 통해 몰몬교를 선교하면서 얻어진 수익으로 학생들에게 장학금을 지급하고 있었습니다. 전도사업과 수익사업이 잘 어우러져 있는 곳이라 감탄했었습니다.

또 이곳 사람들은 세계적인 은행의 사장이 몰몬교도이고 유명 치킨 회사 사장도 몰몬교도라면서 몰몬교를 무척이나 자랑하며 홍보하는 것을 보았습니다.

저는 기업인으로서 기업과 선교라는 문제를 곰곰이 생각해 보곤 합니다. 정직하고 투명한 경영은 기본이고 가치있는 제품이나 서비스를 통해 세상에 유익을 줘야하는 것이 바로 기업의 윤리입니다. 더구나 기독교 기업은 이 원칙은 기본이고 이를 더 잘 유지하면서 더 큰 가치를 인정받는 것이 필요하다는 생각을 하게 되었습니다.

앞에서 다른 종교의 두 사례를 들었지만 기업과 기업인의 역할이 복음전도와 선교에 큰 작용을 합니다. 그러므로 우리나라도 선하고 자랑스러운 기독교 기업과 기업인이 많이 배출돼야 한다고 생각합니다.

　더구나 기독교가 폄하되는 이 때 기독 실업인들의 책임감과 헌신이 각별히 더 요구됩니다. 기독교 기업이 흔들리지 않고 바로 서려면 무엇보다 예수 그리스도의 복음이 우선이라는 분명한 원칙을 세워 놓아야 합니다. 흔들리지 않는 기업인의 투철한 신앙관이 필요합니다.

　진리도 아닌 것을 가지고 수많은 사람을 이끄는 타 종교도 이렇게 엄청난 시설과 재력을 자랑하는데 진정한 진리 되시는 하나님의 말씀을 갖고 선교에 실패한다면 나중에 그 책임을 무엇으로 변명할 수 있을지 두려운 생각이 듭니다.

　이제 한국교회는 큰 틀에서 문화와 선교를 생각할 때입니다. 기독 실업인의 분발이 필요한 때입니다. 기독교 실업인들은 바로 이 때를 위해 하나님께서 자신들을 준비하신 것이라 생각하며 맡겨진 사명에 최선을 다해야 한다고 생각합니다. 감사합니다.

30

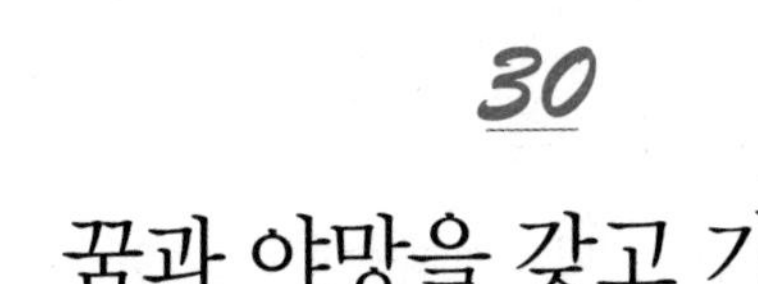

꿈과 야망을 갖고 기도하라

청년들이 편한 것만 좋아하면 결코 안됩니다. 앞만 보고 열심히 달려야 합니다. 하지만 중요한 일과 급한 일은 분리해서 생각할 줄 알아야 합니다.

요즘 청년실업문제 해결을 위한 정부 차원의 여러 조치와 또 비정규직 문제가 뉴스의 주제로 거의 매일 등장하곤 합니다.

많은 청년들이 일자리가 없어 방황하는 모습을 보는 것이 참 안타깝고 안스럽기도 합니다. 그러나 저는 구직 중인 청년들에게 월급 더 받는 것이 중요한 것이 아니라 돈 버는 방법을 배우는 게 더 중요하다고 강조하고 싶습니다.

구직자 입장에서 봉급은 적게 주고 일을 많이 시키는 회사는 나쁜 회사라고 생각합니다. 그러나 저는'젊었을 때 고생은 돈 주고도 못 산다'

는 말을 꼭 해주고 싶습니다. 고생은 또 다른 가치를 창출하는 원천이기 때문입니다.

저는 대학 졸업 후 10년간 한 외국계 제약회사에서 근무하며 이곳에서 '무형의 재산'을 차곡차곡 모았습니다. 이후 작은 사무실을 차려 직접 해외 약을 수입해 국내에 파는 사업을 시작했습니다. 이것이 한국유나이티드제약의 시작이었습니다. 이제 저희 회사는 다국적기업으로 전 세계에 약품을 수출하는 중견 기업으로 성장했습니다. 제가 10년간 열심히 영업사원으로 뛴 경험은 회사경영에 엄청난 도움이 되었습니다.

청년들이 편한 것만 좋아하면 결코 안됩니다. 앞만 보고 열심히 달려야 합니다. 하지만 중요한 일과 급한 일은 분리해서 생각할 줄 알아야 합니다. 급한 일을 쫓아가다 중요한 일을 놓쳐서는 안되기 때문입니다. 전체 일과 중 20% 이상은 중요한 일을 하는 데 써야 한다고 말해주고 싶습니다.

그래서 저는 가끔 대학생 대상의 특강을 나가면 "취업을 했을 때 고약한 상사를 만나는 게 행복한 것"이라고 말해주곤 합니다. 사람 좋은 사람 밑에서 일하면 좋지만 성격이 못된 사람을 만나도 그 사람에게 배울 것을 잘 골라서 배우면 더 빨리 클 수 있기 때문입니다.

요즘 젊은이들은 자기 색깔과 주장이 선명합니다. 그러나 맘에 안들고 싫다고 자리를 박차고 나가서는 안됩니다. 참고 인내해야 합니다.

그래서 '그럼에도 불구하고 해야 한다'고 항상 강조합니다.

그리고 청년들에게 제가 꼭 덧붙이는 말이 있습니다. "여러분이 세계적인 기업가나 정치인, 예술인이 되고자 한다면 성경을 읽으라"고 권해주는 것입니다. 문화를 이해하고 풍습을 알려면 종교를 이해해야 합니다.

그런데 이슬람교, 유대교, 기독교는 구약성경에 기초를 둔 종교라 성경을 모르면 어떻게 글로벌 리더가 되겠느냐는 것입니다. 이는 저의 체험에서 우러나온 조언입니다.

저는 경영인으로서 오늘을 사는 청년들에게 꿈과 야망을 갖고 기도하며 최선을 다하라고 꼭 말해주고 싶습니다. 감사합니다.

"믿음으로 말미암아 그리스도께서 너희 마음에 계시게 하시옵고
너희가 사랑 가운데서 뿌리가 박히고 터가 굳어져서"(엡 3:17)

chapter 4

바른신앙, 바른교회

우상숭배와 하나님의 진노 | 올챙이 시절을 잊지 않는 개구리
성탄절의 반성 | 말과 인격
청교도 신앙을 배우자 | 기독교 정신이 대한민국 정신이다
작은 것도 관심의 끈을 놓지 않아야 | 기업과 종교
하나님의 영광 | 신학 속에 하나님이 없다면

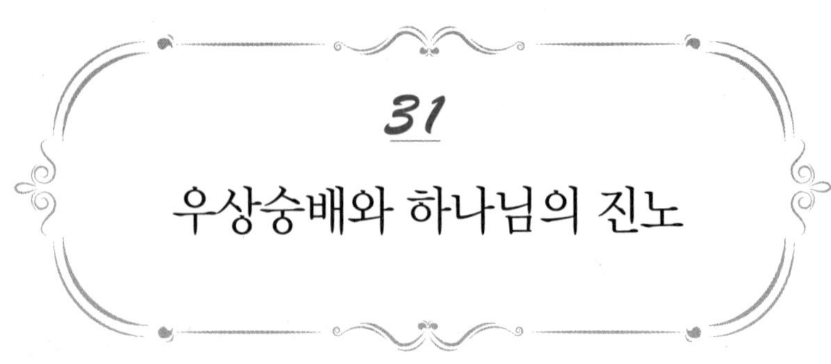

31
우상숭배와 하나님의 진노

크리스천이라면 하나님 이외의 어떠한 신도 섬기거나 의지하지 않겠다는 것을 다짐하고 온 가족에게도 다시 한 번 교육시켜야 합니다. 이는 자녀들에게 아주 중요한 교육입니다.

오늘은 우리 민족에게 널리 만연돼 있는 미신과 제사 등이 신앙적인 측면에서는 얼마나 잘못된 것인가를 이야기 하려고 합니다.

한국의 많은 어머니들은 지극정성으로 바위나 달, 우상을 보며 소원을 빌어 왔습니다. 대학교에 합격시켜 달라는 소원, 직장을 구해 달라는 소원, 배우자를 만나게 해 달라는 소원 등 참으로 많습니다. 우리 기독교인 중에도 무의식적으로 아무런 죄의식 없이 소원을 비는 사람도 있습니다.

그런데 성경에서는 달이나 별을 보며 소원을 비는 이런 행위는 우상

숭배로 간주해 엄격히 금하고 있습니다. 성경 창세기를 보면 우리가 쉽게 이해하기 힘든 장면이 나옵니다.

야곱의 아들 유다가 양털을 깎으러 갔다가 길에서 몸을 파는 여성을 찾아 지팡이와 도장을 맡기고 외상으로 하룻밤을 지냈다는 구절이 있습니다. 성경주석을 살펴보면 이 여성을 직업적인 여성으로 보는 시각이 있고 다른 하나는 당시 가나안종교인 바알신의 여사제, 즉 종교적으로 몸을 파는 여성이었다는 해석이 있습니다.

그런데 구약 성경 전체를 볼 때 이스라엘 백성이 음란으로 인해 하나님의 진노가 임할 때는 거의 종교적 바알신의 여사제로 인한 경우인 것을 발견하게 됩니다. 이처럼 종교적으로 몸을 파는 문제는 잠언과 전도서에서도 아주 죄악된 것으로 심하게 경계하고 있습니다.

이 음녀들은 사람의 육과 영을 완전히 파괴하는 존재로 묘사되고 있습니다. 그들은 유부녀로서 혹은 처녀로서 직업적인 목적이 아닌 다른 목적으로 남자들에게 접근해 십계명의 제 1계명인 '나 이외에 다른 신을 두지 말라'와, 제 2계명인 '너를 위하여 새긴 우상을 두지 말라'를 어기게 만들었던 것입니다.

하나님이 제일 싫어하시는 것이 바로 우상숭배와 다른 신을 섬기는 것입니다. 거룩하시고 전능하신 하나님을 믿는 사람이 어떻게 다른 신을 의지하는 영적 타락을 할 수 있는지 하나님의 분노가 임하는 것은 너무나 당연합니다.

　성경은 죄 중에 제일 무서운 죄가 우상을 숭배하고 점을 치는 행위, 그리고 하나님 이외에 다른 어떤 것에 의존하는 모든 행위임을 가르칩니다. 결혼할 때 궁합을 보는 행위, 타로카드로 점을 치는 행위, 무당에게서 점을 보는 행위 모두가 하나님이 제일 싫어하시는 무서운 범죄라는 것을 잘 알아야 합니다.

　명절에 우리는 그저 재미로, 혹은 호기심으로, 또는 습관적으로 아주 쉽게 이 계명을 범할 수 있습니다. 그리스 신전에서 제사를 지내던 많은 여사제들은 신전을 유지하는 비용을 충당할 목적으로 많은 백성을 유혹해 타락시켰습니다.

　크리스천이라면 하나님 이외의 어떠한 신도 섬기거나 의지하지 않겠다는 것을 다짐하고 온 가족에게도 다시 한 번 교육시켜야 합니다. 이는 자녀들에게 아주 중요한 교육입니다. 오직 하나님만 섬기는 우리가 되게 해달라고 늘 깨어 기도해야 합니다. 감사합니다.

32

올챙이 시절을 잊지 않는 개구리

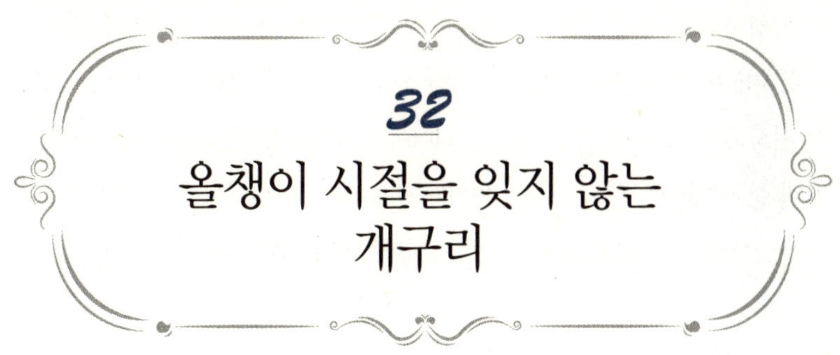

끈질기게 노력하면 안 될 일은 없다는 것입니다. 저 역시 병원을 어찌나 끈질기게 다녔는지 그 열성에 질려 거래를 터준 병원이 많았습니다.

오늘은 아무리 자신이 성공하고 성장해도 옛 과거를 잊지 말고 삶의 자양분으로 삼아야 한다는 내용을 이야기 하려고 합니다. 저는 제약회사 말단 영업사원으로 직장생활의 첫발을 내디뎠고 그 후 의약품수입상, 납품도매상 그리고 제조업을 거치며 많은 위기와 어려움을 이겨내며 오늘의 회사를 만들어 낼 수 있었습니다.

맨주먹으로 지금에 이르렀기에 저는 어떤 경쟁이나 위기에도 절대 두려워하거나 근심으로 시간을 지체하지 않습니다. 어떤 역경에도 목표가 세워지면 오직 그것을 향해 앞으로 달려가곤 합니다.

첫 직장이 외국계 제약회사의 한국지사 영업사원이었는데 제법 큰 다국적 기업이라 월급도 많았고, 직원 교육도 철저했습니다. 아침 9시부터 시작되는 교육은 오후 6시가 되어야 끝났고 강의는 모두 영어로 진행돼 잘 이해하기 힘들었지만 여기에 내 인생이 달려있다고 생각하니 게으름을 피울 수 없었습니다. 정말 열심히 했던 기억이 새롭습니다.

이 때 흘렸던 귀한 땀방울이 제가 해외시장을 개척하는데 얼마나 큰 도움이 됐는지 모릅니다. 영업사원을 하며 이 병원 저 병원을 전전하다 보면 동창생들과도 종종 마주쳤고 조금은 부끄럽고 겸연쩍어 못본척 하기도 했습니다. 또 의사들에게 우리 회사 제품을 써줄 것을 간곡히 부탁하느라 비굴함을 느낄 때도 많았습니다.

저는 이 무렵 성경에 등장하는 이야기에 큰 도전을 받았습니다. 하루는 먼 곳에서 친구가 찾아왔는데 대접할 음식이 전혀 없어 옆집 부자에게 찾아가 "지금 내 친구가 사막을 건너오느라 너무 지쳐서 무엇이라도 먹지 않으면 죽을지도 모른다"고 사정했습니다. 그러나 부자는 워낙 늦은 시간이라 그를 쫓아냈지만 두 번 세 번 계속 사정을 했고 그 부자는 "네게 음식을 주고 싶은 마음은 추호도 없으나 네가 나를 너무 귀찮게 굴어 잠을 못 자니 음식을 주겠다."며 마침내 그의 청을 들어주었습니다.

저는 여기서 영업전략을 배웠습니다. 끈질기게 노력하면 안 될 일은 없다는 것입니다. 저 역시 병원을 어찌나 끈질기게 다녔는지 그 열성에

질려 거래를 터준 병원이 많았습니다. 그리고 한번 고객이 되면 끝까지
신뢰를 잃지 않기 위해 더욱 더 노력했고 그래서 저는 지금도 '무엇 때
문에 못한다.'는 직원들의 핑계를 제일 싫어합니다.

이렇게 힘들었던 영업사원 경험이 없었다면 지금과 같은 성공은 없었
을지도 모르는 일입니다. 그러므로 진정으로 성공한 사람은 어려울 때
겪었던 그 아픔을 통해 다른 사람의 아픔을 이해할 수 있어야 합니다.
결코 올챙이 시절을 잊지 않는 개구리가 되어야 합니다.

자신의 부족한 부분을 과감하게 드러낼 수 있는 그런 용기가 바로
성공을 향한 밑거름이 된다는 사실을 기억합니다. 그래서 자신의 약함
을 오히려 자랑스럽게 여기며 주어진 상황에 최선을 다하는 저와 여러
분이 되었으면 합니다. 감사합니다.

33

성탄절의 반성

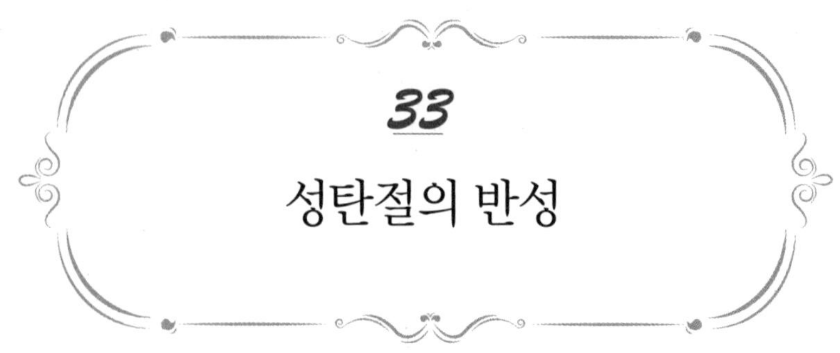

한 해가 저물고 있습니다. 거리에 캐롤이 울려퍼지고 크리스마스 트리와 장식들이 거리 곳곳에 등장했습니다.

오늘은 아기예수 탄생을 기념하는 성탄절을 우리가 정말 잘 보내고 있는지 생각해 보고자 합니다. 저는 오랫동안 신앙생활을 하면서 성탄절을 수도 없이 맞았지만 사실 성탄의 깊은 의미를 마음 깊이 생각해 본 적이 없었던 것 같습니다. 그저 즐거운 날, 기쁜 날 정도로만 생각해 왔을 뿐입니다.

크리스마스 이브인 24일에 성탄 예배를 드리고 성가대의 칸타타를 들으며 식구들끼리 오붓하게 식사 정도 하면 되는 연례 행사로만 여겼습니다. 그런데 늦게나마 성탄의 의미가 매우 중요하다는 생각을 하게 되었습니다.

최초에 하나님을 아는 민족은 유대인뿐이었습니다. 그들은 하나님은 자신들만의 하나님이기에 자신들만이 선민이고 다른 모든 사람은 이방인이라며 하나님을 독점하고 있었습니다. 그렇다면 우리는 어떻게 하나님을 알게 되었을까요.

우리가 만약 하나님을 알지 못했다면 우리는 조상 대대로 믿던 우상 숭배를 지금까지 해왔을 것입니다. 그러나 하나님이 우리 인간을 사랑하셔서 독생자 예수를 이 땅에 보내주셨고, 그리하여 우리에게 하나님의 자녀가 되는 영광을 주셨습니다.

바로 이날이 바로 성탄절입니다. 참으로 의미있고 귀한 날입니다. 그리스도가 이 땅에 오셔서 제자들을 통해 복음을 전하게 하셨고, 하나님은 다시 성령을 보내셔서 우리와 항상 함께 계시도록 은혜를 주셨습니다. 그래서 우리는 항상 성령과 함께하면서 그 보호와 인도하심으로 사탄이 지배하는 이 세상에서 하나님의 백성으로 살아가게 된 것입니다.

참으로 감사하다는 생각을 가지지 않을 수 없습니다. 주님의 인도 없이는 하루도 살 수 없는 위험한 우리의 삶입니다. 기도 없이는 의지할 곳이 없어 불안에 떨며 고통 속에서 지낼 수밖에 없는 우리의 삶입니다.

　그런데 주님께서 구세주로 이 땅에 오셔서 '평강의 왕'이 되어 주심으로 우리가 평안을 누리며 살고 있는 것입니다. 오늘도 어려울 때마다 간절히 구하는 모든 것들을 하나님께서 들어주시니 예수를 믿고 하나님을 의지하는 것이 얼마나 복된지 모릅니다. 이것이 하나님의 축복이고, 이 축복의 시작은 그리스도가 이 땅에 오신 것에서 비롯된 것입니다. 이것을 감사하고 기념하는 날이 바로 성탄절이기에 우리가 잘 기억하고 감격해야 하는 날인 것입니다.

　최근 교회들이 이 성탄절의 기쁨과 감사를 깊은 의미보다 그저 행사와 장식으로만 대신하려는 것 같아 안타깝습니다. 성탄절이 자꾸 잊혀져 간다는 느낌이 듭니다.

　성탄절은 하나님의 독생자 예수님이 하늘의 영광을 포기하고 우리를 위해 인간이 되신 날입니다. 이제 우리는 상업화되어버린 산타클로스의 크리스마스가 아닌, 구세주 예수 그리스도의 탄생을 축하했으면 합니다. 성탄절의 주인공은 루돌프 사슴과 산타클로스가 아니라 구원과 복음의 축복을 받은 날로 기뻐해야 합니다.

　은혜와 감사로 성탄절을 경건하게 맞이하고 우리의 자녀들에게도 이를 잘 알려주었으면 합니다. 감사합니다.

34

말과 인격

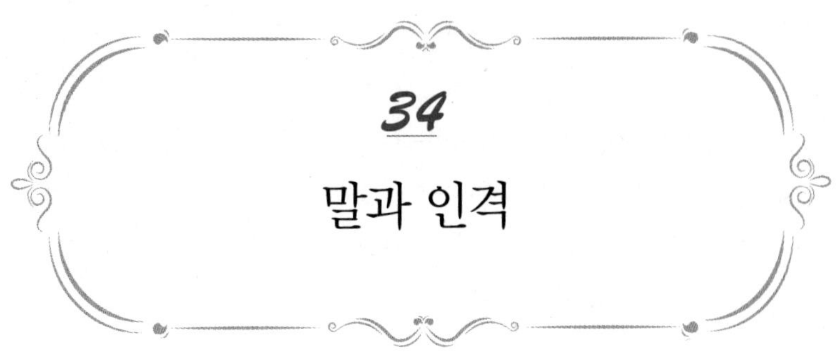

기독교인은 말할 때 단어 선택에 있어서도 겸손하고 품위있게 선택해야 합니다. 말은 곧 그 사람의 인격과 신앙을 알 수 있게 하기 때문입니다.

오늘은 신앙생활에 있어 말과 인격이 얼마나 중요한지 이야기 하고자 합니다. 성경 마가복음 11장을 보면 특별한 장면이 나옵니다. 예수님과 제자들이 아침 일찍 예루살렘 성전으로 올라가다 예수님이 무화과나무에 다가가 저주한 내용입니다. 예수님의 말 한 마디에 그 무화과 나무는 말라서 죽었고 더 이상 열매를 맺지 못하게 되었습니다.

말은 우리의 인생을 좌우할 만큼 위력적인 힘을 가지고 있습니다. 세속적인 말을 하면 세속적인 사람이 되는 것이고, 하나님의 말씀을 듣고 이를 전하면 영적인 사람이 되는 것입니다. 때문에 사람의 말은 인격에 따라 다르게 나오는 것입니다.

언어를 격에 맞지 않게 사용하면 그 사람의 인격이 의심스러울 수 있습니다. 보통 학벌에 열등감을 가지고 있는 사람들이 오히려 전문용어나 어려운 단어를 많이 쓰는 것을 보았습니다. 아마도 자신의 열등감을 숨기기 위한 것이 아닐까 싶습니다.

목사님께서 세속적인 유머를 인용한 설교를 들으면 어쩐지 격이 맞지 않는다는 생각이 듭니다. 함께 웃기는 하지만 설교가 품격이 떨어지는 느낌이 듭니다. 더구나 개그맨이 쓰는 세속적인 단어를 써가며 신도들을 웃기려는 설교는 민망할 때가 많습니다. 일반 교양인이 쓰지 않는 속어를 쓰는 경우도 마찬가지입니다.

기독교인은 말할 때 단어 선택에 있어서도 겸손하고 품위있게 선택해야 합니다. 말은 곧 그 사람의 인격과 신앙을 알 수 있게 하기 때문입니다. 또 신앙적인 언어를 일상 사회에서 자주 쓰는 경우도 오히려 부자연스럽습니다. 언어는 상황과 장소에 맞게 잘 구별되어야 합니다.

성경은 우리에게 지혜롭게 살도록 가르치고 있습니다. 행동과 언어가 일치해야 한다고 가르칩니다. 말은 잘 하는데 행동이 다를 경우, 우리는 사회에서 존경을 받지 못하고 신뢰를 잃을 수 있습니다.

너무 지나친 요구일진 몰라도 그리스도인의 말은 곧 신앙고백이 되어야 한다고 생각합니다. 신앙은 말에 머무는 것이 나이고 몸으로 실천하는 곧 행동하는 신앙이어야 합니다. 그러므로 말에 책임이 따르는 것입니다.

그리스도인은 진실된 말을 하고 신뢰를 얻어 하나님께 영광을 돌려야 합니다. 제가 어릴 적, 주변에서 "예수쟁이는 믿어도 된다" "거짓이 없다" "언행이 일치한다"는 말을 자주 들었습니다. 옛날 영국에서는 감리교 교인이라는 이유 하나만으로 은행에서 대출을 해주었다고 합니다.

이제 우리도 긍정적이고 창조적인 말을 통해 사회에서 인정받고 사회를 이끌어가는 기독교 리더십을 만들어 나가야 합니다. 그것이 바로 기독사회를 만들고, 기독문화를 만들어 가는 길이며 하나님의 나라를 만들어 가는 길이라 믿습니다.감사합니다.

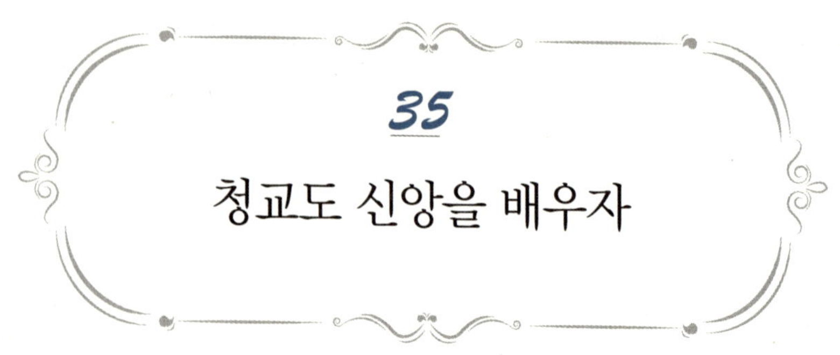

이제 신앙의 뿌리를 교회가 먼저 찾아야 합니다. 그리고 이 청교도 신앙의 이야기를 후손들에게 알리고 이를 통해 동서화합, 남북화합이 이뤄지도록 해야 하겠습니다.

오늘은 우리 한국교회의 시작이 되어 준 청교도 신앙 이야기를 하려고 합니다. 청교도는 성경적 삶을 이 땅에서 바르게 실천하고자 하는 신앙인의 원형입니다.

청교도는 성경말씀을 정치, 경제, 문화 등 국가와 개인생활 모든 분야에 연결시켜 실천하고자 했으며, 성결한 생활과 해외선교를 통해 하나님의 말씀을 전하는 데 자신의 일생을 건, 참으로 순수한 모범적 신앙인입니다.

청교도인들은 하나님 말씀에 순종해 새 대륙에 하나님 나라를 건설한다는 성경관으로 영국을 떠나 미 대륙 신천지에 도착해 그 뜻을 펼쳤고 오늘의 미국을 만든 사람들입니다.

미국의 이런 기독교 신앙은 언더우드, 아펜젤러 등 많은 선교사들을 한국에 보냄으로써 한국의 근대화에 결정적 역할을 감당케 했습니다. 이들이 세운 배재학당, 이화학당 등은 한국 사회 지도자들을 대거 양성한 것을 우리는 너무나 잘 알고 있습니다.

이 기독교 지도자들은 식민지 시대 독립 운동의 중심이 되었고 이승만, 김구 등이 한국의 임시 정부를 이끌었을 뿐만 아니라 대한민국을 건국했습니다. 대한민국 헌법은 청교도 헌법인 미국 헌법을 본보기로 삼아 제정했으며, 기도로 제헌 국회를 시작한 대한민국은 이렇게 탄생하게 된 것입니다. 대한민국이 청교도 정신을 이어받은 미국 다음의 국가가 된 것은 참으로 감격스러운 일이 아닐 수 없습니다.

한국교회에 전파된 청교도적 복음주의 신앙관은 한국 초대 교회사의 주류를 이루었고 그 정신은 일제에 저항하는 민족정신이 되었습니다. 하나님의 절대적 주권을 받아들이고, 성경을 하나님의 절대적 권위의 말씀으로 받아들이는 신앙관이 한국 교회의 근간을 이루었습니다.

그런데 참으로 안타까운 것은 한국에 복음이 전래된지 140년이 넘었지만 어느 교회도 이 청교도 정신을 이어가며 강조하고 있지 않다는 사실입니다. 아직도 몇 군데 교회에만 이 청교도 신앙의 작은 숨결이 남아있을 뿐입니다.

교회가 대형화되면서 사회 참여, 십일조, 전도 등의 목소리는 커지고 있지만 영혼구원, 성경적 삶의 실천이라는 목소리는 작아지고 있습니다. 대한민국 학교 교과서에도, 그리고 교회 공과에도 이 사실이 희미하기만 합니다.

우리는 이제 신앙의 뿌리를 교회가 먼저 찾아야 합니다. 그리고 이 청교도 신앙의 이야기를 후손들에게 알리고 이를 통해 동서화합, 남북화합이 이뤄지도록 해야 하겠습니다.

우리 크리스천들은 이 사실을 꼭 알아야 합니다. 우리의 자랑스러운 신앙의 뿌리가 청교도적 믿음으로 출발했었음을 기억해야 합니다. 그래서 하나님의 나라가 이 땅에 이루어지도록 다 함께 기도해야 할 것입니다. 감사합니다.

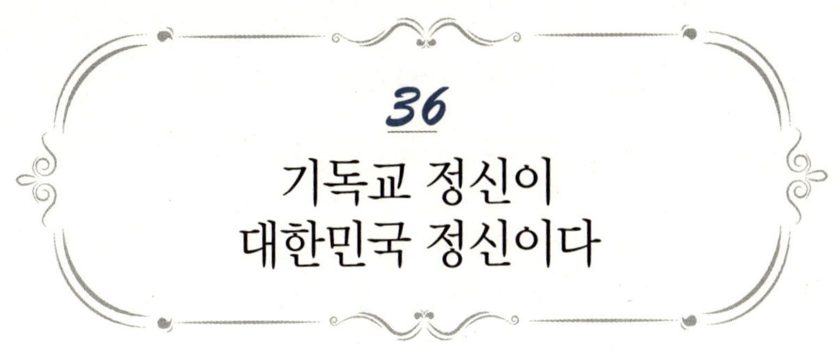

안중근 장군의 자기희생이 우리의 독립의지를 세계에 알렸고, 유관순의 절규가 우리의 독립심을 일깨웠다는 것은 우리 모두에게 언제나 큰 감동을 줍니다.

요즘 정치적으로 사회적으로 경제적으로 또 안보 문제에 있어서도 매우 어수선하고 어지럽습니다.

이럴 때일수록 기독교인들이 나라와 민족, 우리 사회를 위해 기도의 힘을 더욱 모아야 할 때라는 생각이 듭니다.

제가 운영하고 있는 기업은 매주 월요일마다 아침 조회를 개최합니다. 옛날 방식이라 싫어하는 직원들도 있지만 한 주일을 시작하기 전에 마음을 가다듬고 열심히 일하자고 다짐하는 것입니다.

그리고 이 회사 조회에서 삼일절과 광복절 등이 겹치면 전 임직원이 삼일절 노래도 부르고 항상 태극기 앞에 마음을 가다듬어 국민의례를 합니다.

그 이유는 대한민국이 이처럼 번성하고 있는 것이 앞서간 선각자들의 피와 헌신으로 이뤄졌기 때문이라고 보기 때문입니다. 우리가 지금 이렇게 마음 놓고 기도하고 찬송할 수 있는 조국이 있는 것은 모두 이분들의 공로입니다.

이렇게 지난 역사를 되짚어 보면 독립을 위해, 나라의 번영을 위해 헌신한 선조 대부분이 기독교인이었습니다. 우리는 이 부분을 늘 기억하고 감사해야 할 필요가 있습니다.

기독교는 해외 선교사들에 의해 이 땅에 들어와 믿음 외에도 강한 희생정신을 심어 주었고, 그것이 작은 밀알이 되어 조국을 되찾도록 해준 용기를 심어 주었다는 것을 역사가 증명하고 있습니다. 또 이것은 자랑스러운 복음의 열매이기도 합니다.

안중근 장군의 자기희생이 우리의 독립의지를 세계에 알렸고, 유관순의 절규가 우리의 독립심을 일깨웠다는 것은 우리 모두에게 언제나 큰 감동을 줍니다.

이승만 초대 대통령이 이 나라를 공산정권으로부터 구했고, 김구 선생의 민족사상이 일제의 먹구름을 몰아냈으며, 조만식 선생의 애국심이 나라 사랑의 국채보상운동을 이끌어냈습니다.

이 모든 선각자가 기독교 정신과 신앙을 가진 분들이었습니다. 우리는 이 정신의 토대 위에서 세계 10위권의 경제 대국이 되었습니다. 하계올림픽과 월드컵을 잘 치렀고 동계올림픽도 성공적으로 치뤄냈습니다.

그렇습니다. 우리 대한민국의 기초정신은 바로 기독교정신이며 이 토대 위에 대한민국이 있다는 것은 정말 자랑스러운 일이기에 "하나님이 보호하사 우리나라 만세"라는 애국가 구절이 늘 제 가슴을 뭉클하게 만듭니다.

우리에게 자유를 주시고 경제발전을 주시고 나라를 지켜주시는 분이 바로 하나님이라는 애국가의 노랫말은 언제 들어도 우리에게 감동을 줍니다.

그래서 저는 이렇게 사업을 할 수 있는 것이 제가 믿고 의지하는 하나님의 은혜라는 생각을 늘 합니다. 따라서 전 매일 아침 "하나님, 오늘도 저와 이 회사를 지켜주시고 이끌어갈 지혜를 주옵소서.'라고 기도합니다. 감사합니다.

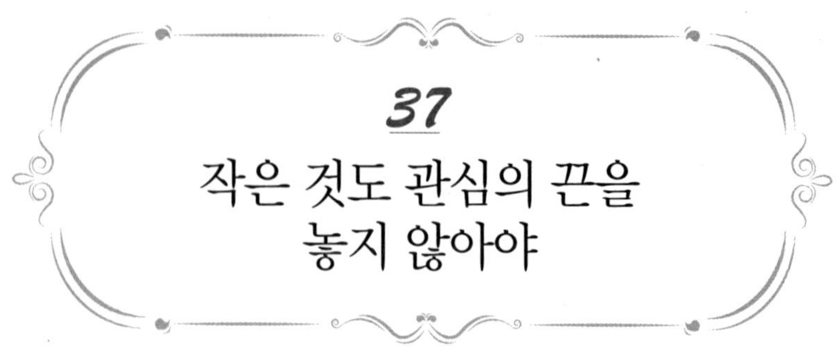

37
작은 것도 관심의 끈을
놓지 않아야

세계가 하나로 연결되는 지구촌 시대로 변방의 작은 나라에서
벌어지는 일도 서바이벌 같은 사업의 세계에서는 대화를 이끌어
갈 수 있는 중요한 소재가 됩니다.

오래 전 신문에서 신기한 사진을 하나 보았던 적이 있습니다. 그것은
아름다운 미인의 조각으로 이집트 해저에서 끌어올린 것이었습니다. 그
미인 조각은 옛날 이집트인들에게 많은 사랑을 받았던 여신 이시스였습
니다. 이 조각의 발굴을 통해 그동안 신비에 가려져 있었던 오시리스와
이시스가 긴 침묵을 깨고 세상 밖으로 얼굴을 드러내게 된 것입니다.

저도 크리스천으로 신화를 믿지 않지만 여신 이시스의 남편은 이집트
의 주신인 오시리스입니다. 신화에 의하면 오시리스는 그의 지위를 노
린 아우 세트신에게 찢겨 살해되었고 후에 아내 이시스에 의해 부활하
여 지하 세계를 장악해 죽음의 신으로 남았다고 합니다.

제가 이 이야기를 하는 이유는 이것이 팔레스타인 지방의 바알신과도 연결되고, 또 바벨론의 세미라미스 신화로도 이어지게 됩니다. 이 세미라미스는 니므롯의 아내였고 아들 탐무즈를 낳았는데 그는 거대한 멧돼지에게 살해됐다가 다시 살아났습니다. 제사 때 돼지의 머리고기를 올리고 먹는 습성이 여기서 유래되었다고 추정하기도 합니다.

니므롯은 물고기 신인 다곤으로 숭배받기도 했는데 여신 이시스 역시 머리에 물고기가 있는 모습으로 그려지기도 합니다. 이 신화가 터키의 버가모 지방을 거쳐 로마로 들어간 것으로 추정되는데, 그래서 물고기 형상과 기독교의 표시가 일치하는 우연을 보이기도 합니다. 모든 신화들이 서로 꼬리에 꼬리를 물고 연결되어 있다는 말입니다.

이와 같이 세계 한 모퉁이에서 일어나는 일, 그리고 한두 줄의 신문기사 등이 세계 문화를 이해하는 작은 연결점이 되는 것을 자주 볼 수 있습니다. 지금은 세계가 하나로 연결되는 지구촌 시대로 변방의 작은 나라에서 벌어지는 일도 서바이벌 같은 사업의 세계에서는 대화를 이끌어갈 수 있는 중요한 소재가 됩니다.

문화와 문화 사이의 상관성을 이해하지 못하면 국제 비즈니스에서 뒤떨어질 수밖에 없는 것이 현실이라는 것을 알아야 합니다. 이런 점에서 성경의 내용은 인류의 역사이기도 하기에 이를 잘 이해하고 깨달아 외국인들과 대화하면 대화의 끈이 자연스럽게 풀려나가는 경우가 제 경우는 아주 많았습니다.

　따라서 일류 기업인 일류 세일즈맨이라면 여러 나라의 문화와 전통에 대해 해박한 지식과 정보를 가져야 합니다. 꾸준한 독서와 함께 항상 눈과 귀를 열어 놓아야 합니다. 세계 사람들을 대상으로 물건만 팔 것이 아니라, 세계에 우리의 문화와 얼을 전파하고 또 그들의 문화를 이해한다는 생각을 가져야 하는 것입니다. 감사합니다.

38

기업과 종교

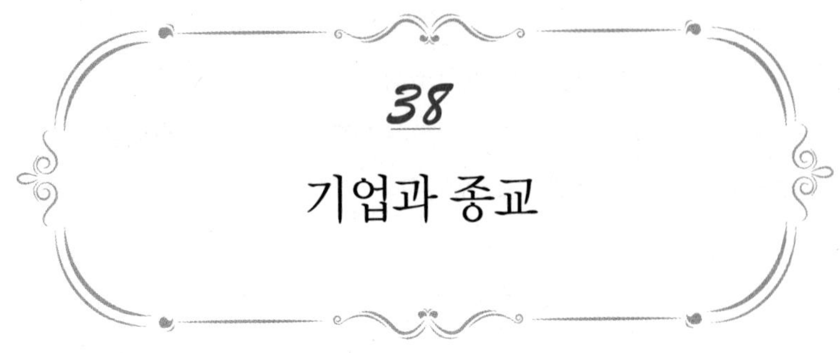

제가 운영하는 제약회사는 베트남에도 공장이 있습니다. 그래서 현지 종업원도 많고 제품도 현지서 판매하기에 자주 출장길에 오릅니다. 또 베트남 대학생과 고등학생들에게 정기적으로 장학금을 수여하기에 전달식을 위해 가기도 합니다.

기업의 사회공헌은 꼭 필요합니다. 베트남에서 돈만 벌어가는 외국 기업이 아니라 사회에 도움을 주는 좋은 기업 이미지도 경영자가 필히 감안해야 할 부분이기도 합니다.

제가 베트남을 오가며 또 하나 놀란 것은 새 아파트가 생기면 그 앞

"

에 반드시 한국인 교회 간판이 보인다는 사실이었습니다. 한국인이 들어가면 먼저 교회가 생기고 복음이 전해진다는 말이 사실이었습니다. 이런 점에서 기독기업이 세계로 가면 그곳에도 복음이 들어갑니다. 기업이 복음을 자연스레 전하는 도구가 되는 것입니다.

요즘 세계 기업들의 경쟁은 무척 치열합니다. 인도, 중국, 말레이시아 등 개발도상국들이 추격해 오고 여기에 선진국과의 경쟁도 심해 기업의 오너로써 조금도 한 눈을 팔 시간과 여유가 없습니다.

이런 가운데서도 기업가는 돈만 버는 것이 목적이라는 생각을 가져서는 결코 안될 것입니다. 돈을 벌고 나면 그 다음 목표와 희망이 사라져 버리기 때문입니다.

이렇게 기독 실업인이 가져야 할 이 기본 정신이 바로 청지기정신입니다. 하나님께서 기뻐하시는 일을 이루기 위해 내게 재물과 능력을 주셨고 나는 이 일을 통해 하나님을 기쁘게 할 일을 찾아 살겠다는 청교도적 신앙이 오늘의 우리들에게 필요하다는 생각을 해보게 됩니다.

이 일이 바로 빛과 소금의 역할을 강조하신 예수 그리스도 말씀을 지켜나가는 길이기도 합니다. 이것을 발견하고 실천할 때 새로운 희망이 생기고 용기가 생기며 기업을 해야 할 이유라고 생각해 보게 됩니다.

우리가 농부로 일하든 직장인으로 일하든 성직자와 똑같이 하나님의 일을 하고 있다는 청교도적 신앙관을 생각하면 아무리 힘든 일이라도 감사와 기쁨이 솟아나게 됩니다. 크고 거창한 일을 해야만 하나님의 일을 하는 것이 아닙니다. 비록 청소일을 하고 그릇을 닦아도 그것이 하나님께서 내게 주신 소명이라고 생각하는 것, 바로 이것이 청교도적 신앙이자 소명입니다. 감사합니다.

39

하나님의 영광

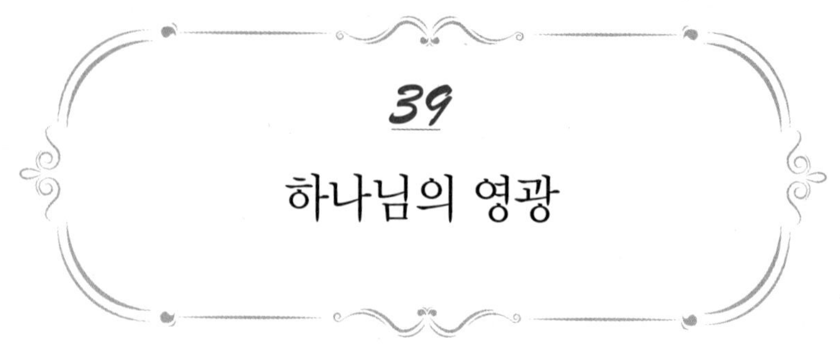

성경에서는 받은 달란트를 땅에 묻어두거나 손해를 냈으면 게으르고 악한 종이라고 했습니다. 이것이 성경의 물질관이고 하나님이 우리에게 주신 사명일 것입니다.

오늘은 우리 크리스천들이 신앙생활을 하면서 자칫 자기 의에 빠져서 하나님께 돌려야 할 영광을 자신이 받고 있는 것이 아닌지 점검해 보려고 합니다.

많은 사람들이 경치가 뛰어난 캐나다 토론토로 관광을 많이 갑니다. 그런데 이곳 토론토 높은 언덕 위에 아주 멋진 성이 있습니다. 이 성을 건축한 사람은 캐나다 제일의 부자였던 헨리 펠랫 경으로 1911년 당시 360만 달러를 들여 이 성을 지었다고 합니다. 캐나다 최대 규모로 그 화려함이 웬만한 왕궁보다도 낫습니다.

그러나 이 호화로운 생활은 10년 만에 끝났습니다. 펠랫 경의 사업 실패로 재정 파탄이 났고 저택은 경매에 넘어갔습니다. 결국 이 성은 정부로 이관되어 관광지가 되고 말았습니다. 카사 로마는 그 역사를 우리에게 큰 교훈으로 보여주고 있습니다.

펠랫경은 캐나다 제일가는 부자였고, 군 최고사령관으로 혁혁한 공을 세웠으며 군인이었고, 제일의 자선사업가였습니다. 모든 것을 다 갖춘 사람이었지만 재정파탄이 나자 전 재산이 몰수되고 어려운 말년을 보냈습니다.

하나님이 모든 것을 주셨을지라도 자신의 명예와 자신의 뜻대로만 재물을 쓸 때, 또 하나님의 영광을 자신의 것으로 만들 때, 그 영광을 거두어 가실 수 있다는 것을 우리에게 알려주는 좋은 사례입니다.

저 역시 카사 로마를 현장에서 바라보며 우리가 하나님의 영광을 위하여 산다고 말을 하면서도 실제로는 자신의 영광을 위해 살지 않았나 뒤돌아 보는 시간을 가졌습니다.

많은 사람들이 처음에는 하나님의 영광을 위하여 일하다 그 영광을 자신의 것으로 만들고 결국 이단으로 빠지는 예가 참 많습니다. 정말 많은 목회자들이 한국교회의 부흥을 이룬 놀라운 헌신에도 불구하고 마지막에 한국교회에 덕을 끼치지 못하고 불명예스럽게 퇴진하는 것을 보며 너무나 안타까운 생각이 듭니다.

　모든 것은 하나님의 것이고 우리 신앙인은 그것을 받아 관리하다가 돌아간다는 자세가 바로 올바른 성경관입니다. 이것이 하나님이 우리에게 주신 달란트입니다. 다만 하나의 달란트를 받았느냐 다섯이나 열 개의 달란트를 받았느냐가 다를 뿐입니다.

　성경에서는 받은 달란트를 땅에 묻어두거나 손해를 냈으면 게으르고 악한 종이라고 했습니다. 이것이 성경의 물질관이고 하나님이 우리에게 주신 사명일 것입니다. 이 달란트는 물질 뿐만 아니라 내가 가진 모든 지식, 재능도 포함됩니다.

　내가 받은 모든 것은 하나님의 것이고 이것은 하나님의 나라와 그의 의를 위해 사용된다는 믿음으로 세상을 산다면, 진정한 크리스천으로 하나님을 기쁘게 할 일을 하는 사람이 될 것입니다.

　우리가 세상에 사는 동안 늘 하나님을 경외하고 말씀에 순종하며 사는 것이 진정한 크리스천의 삶을 사는 것이라고 믿습니다. 감사합니다.

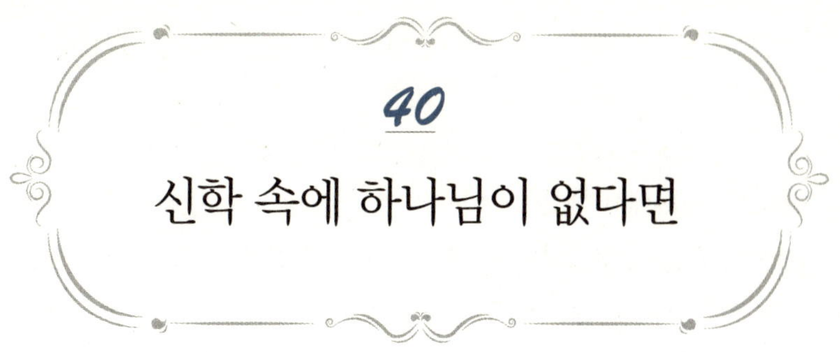

교회는 이성과 권위주의가 지배하고 정작 교회의 주인인 예수님
은 교회 문 밖에 계신 것이 아닌지 반성해 보아야 하겠습니다.

오늘은 잘못된 신앙과 믿음이 우리의 삶에 얼마나 않 좋은 영향을
줄 수 있는지를 이야기 하려고 합니다.

저는 오래 전 의약품을 팔기 위해 인도에 출장을 간 적이 있습니
다.그런데 인도의 모든 음식에는 제사에 피우는 향냄새가 배어 있었고
거리엔 소떼가 주인도 없이 돌아다녔습니다. 자동차가 아무리 크락션
을 울려도 소는 움직일 줄 몰랐습니다.

인도 거리엔 배고파 누워 있는 거지들이 즐비하지만 소가 신이라 경
배의 대상이 되어 소고기를 먹지 못한다고 합니다. 재미있는 것은 같은

소라도 암소가 신이고 숫소는 신이 아니여서 짐도 나르고 일도 시킨다
고 합니다.

그리스 신화에서 제우스신의 아내인 헤라가 소로 변해서 여신으로
추앙받았습니다. 인도의 소 숭배사상과 어떤 연결고리를 가지고 있는
지 모르겠습니다. 또한 이집트에서도 황소는 세트신으로 추앙받고 있
습니다.

하나님께서는 이 땅의 모든 동식물들은 "다스리고 정복하라!"는 명령
과 함께 기업으로 주셨습니다. 그런데 우리는 도리어 그것들을 신의 반
열에 올려놓고 받들어 모시는 말도 안 되는 행위를 하고 있는 것을 보
게 됩니다.

모세가 시내산에서 십계명을 가지고 내려올 때 유대민족이 금으로 송
아지를 만들어 신이라고 숭배하다가 노여움을 사게 됩니다. 이때 참석
한 사람들 모두를 레위지파가 칼로 죽인 사건이 있었습니다. 그래서
레위지파가 제사장 지파로 인정받은 것이 아닌가 성경학자들은 추측하
고 있습니다.

인간은 스스로 하나님과 견주고 하나님만큼 높아지려는 생각이 바
벨탑 사건으로 이어졌음을 보게 됩니다. 현대에서도 실존주의 철학과
자유주의 신학으로 파급되어 지금 하나님 없는 신학이 넘쳐나고 있는
것이라 여겨집니다.

야경에 십자가가 넘칠 정도로 교회들이 많은 우리나라지만 신앙의 성숙은 어디 정도 위치에 와 있는지 자문해 보아야 합니다. 교회는 이성과 권위주의가 지배하고 정작 교회의 주인인 예수님은 교회 문 밖에 계신 것이 아닌지 반성해 보아야 하겠습니다. 지금은 뜨겁지도 않고 차지도 않은 세대인 것을 반성해야 합니다.

요한계시록 3장 16절에서도 "미지근하여 더움지도 아니하고 차지도 아니하니 내 입에서 너를 토하여 내치리라."고 질타하셨습니다. 우리의 입맛에 맞춘 신앙이 아닌 확실한 신앙을 나 스스로 갖고 또 우리 아이들에게도 심어주어야 할 때입니다.

이런 점에서 "주는 그리스도시요 살아계신 하나님의 아들이시니이다"라는 베드로의 고백이 교회의 반석이 되어야 합니다. 이 고백을 삶 속에서 잊지 않고 적용하며 살아가는 저와 여러분이 되길 희망합니다. 감사합니다.

"너는 진리의 말씀을 옳게 분별하며 부끄러울 것이 없는 일꾼으로 인정된
자로 자신을 하나님 앞에 드리기를 힘쓰라"(딤후 2:15)

목적대로 쓰임받고

41

하나님의 승리

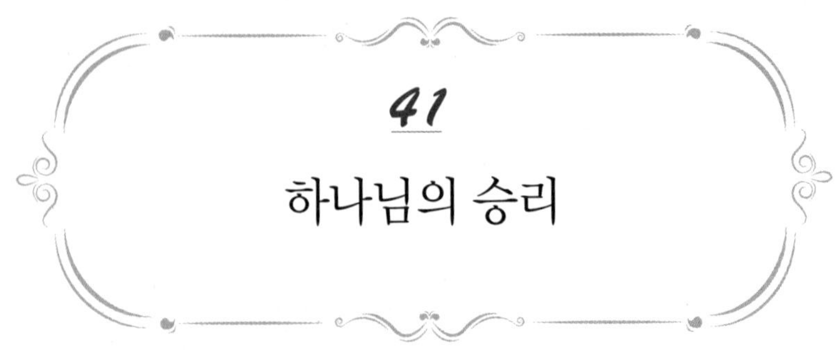

하나님의 뜻이 이 땅에 이루어지고 우리의 기도가 상달되어 하나님의 목적대로 쓰임 받는 미국이 되기를 바라는 마음 간절합니다.

오늘은 얼마전 치러져 세계적 이슈가 되었던 미국 대선이야기를 하려고 합니다. 미국 대선에서 도날드 트럼프가 기적 같은 승리를 거둘 줄 아무도 예상치 못했습니다. 그래서 많은 사람들이 트럼프가 승리할 수 있었던 핵심 요인이 무엇이었는지 궁금해 하고 있습니다.

언론은 미국내 백인들이 적극적으로 투표해 트럼프를 밀어준 것으로 보도하고 있습니다. 힐러리를 지원했던 민주당의 오바마 대통령도 기독교 신자이고 힐러리도 기독교 신자인데 왜 트럼프에게 기독교인이 대부분인 백인들이 몰표를 던졌을까 궁금해 합니다.

그런데 조금만 자세히 살펴보면 오바마는 가난한 자와 약한 자를 돕는 철저한 크리스천이기도 했지만 동성애자, 낙태를 옹호하고 인권을 너무 강조한 대통령이었습니다. 이는 성경을 하나님 말씀이라고 100% 믿는 복음주의자들의 생각과 일부 배치되는 것입니다.

미국의 정통 기독교인은 민주당이 동성애자, 낙태, 인권을 너무 강조하다보니 오히려 자신들이 피해를 받고 있다는 생각이 깊어져 트럼프의 웬만한 잘못도 눈감고 그를 지지하지 않았을까 추측해 봅니다.

특히 트럼프가 속한 공화당이 정강 정책으로 동성애 결혼 합법화 반대, 오바마 케어 폐지를 줄기차게 주장한 것이 오히려 주효했다고 생각합니다. 미국이 다시 전통적 보수 사상인 청교도 정신으로 돌아가야 한다는 인식이 크게 작용한 것 같기도 합니다.

미국에서는 동성애를 잘못된 것이라고 말하는 목회자가 검찰에 기소되는 경우도 있고, 동성애자 결혼식의 주례를 거부하면 형사 처분까지 받는 사례도 있습니다. 미국 정통 백인들이 '이래서는 안 된다'는 생각이 확고해져 선거 혁명이 일어난 것이 아닐까 생각됩니다.

앞으로 민주당이 계속 집권하면 미국은 말할 것도 없고, 한국도 차별금지법이 통과돼 동성애자들이 득세할 것을 우려하는 목소리도 있습니다.

저는 미국 대선 전에 양 정당의 정치적 강령을 확인한 뒤 이미 트럼프의 승리를 조심스레 예상해 칼럼을 쓴 적이 있습니다. 트럼프는 못 믿을지언정, 공화당의 정책을 지지하는 미국인들의 열기를 눈치챘기 때문입니다.

이것은 역사를 주관하시는 분은 하나님이시라는 것을 믿고 있기에나 스스로 내릴 수 있었던 예측이기도 합니다. 이대로 미국이 도덕적으로 타락하면 세계의 도덕과 윤리가 깨지고 하나님의 백성이 설 땅도 없어지기 때문에, 수많은 사람들의 기도소리를 하나님이 외면하지 않으신 것이라고 여겨집니다.

이제 세계는 인본주의적 인권 개념이 아닌, 하나님이 세우신 천부적 인권 개념의 세계 사조가 이어질 것이라 저는 판단합니다. 하나님의 뜻이 이 땅에 이루어지고 우리의 기도가 상달되어 하나님의 목적대로 쓰임 받는 미국이 되기를 바라는 마음 간절합니다.

하나님은 위대하시며 우리의 역사를 주관하고 계신다는 것을 이번 미국 대선을 통해 다시 확인했습니다. 한국도 위험한 시기입니다. 전쟁과 경제적 어려움이 닥치지 않고 대한민국에서도 하나님의 뜻이 이루어지길 간절히 간구해야 할 것입니다. 감사합니다.

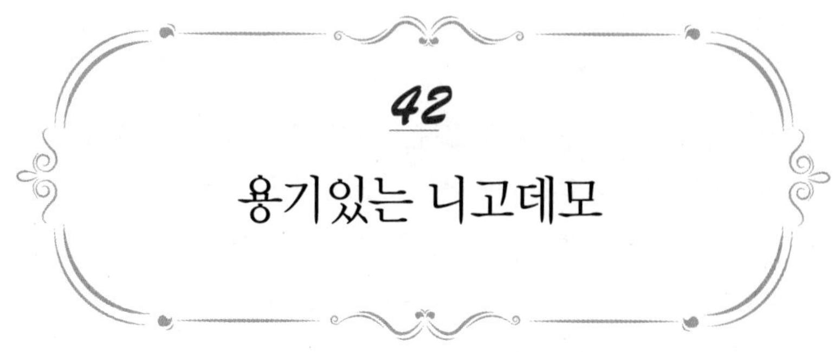

42

용기있는 니고데모

진리를 깨닫고 나니 겁이 사라지고 용기가 생겼습니다. 진리를
알면 우리가 자유로워지는 것을 알 수 있습니다. 명예로부터의
자유로움, 재물로부터의 자유로움, 그리고 두려움으로부터의
자유로움을 하나님께서 주신 것입니다.

오늘은 우리의 삶 속에서 기독교인이라면 반드시 가져야 할 믿음의
자세에 대해 이야기를 하려고 합니다. 어렸을 때, 늘 같은 시각만 되면
동네에 두부장수의 종소리가 요란하게 울렸습니다. 딸랑 딸랑 종소리
가 들리면 온 동네 아주머니들이 그릇을 가지고 나와 두부를 사곤 했
습니다.

그런데 이 때 한 두부장수가 "두부사려! 두부사려!"하고 외치는데 뒤
에 오는 다른 두부장수가 "나두요! 나두요!"하며 따라 다녔다고 하는
이야기를 들었습니다. 우스개 소리로 들리지만 이것은 열심히 사는 사
람들을 이용해 자신은 쉽게 살아가려는 현대인의 모습을 보여주는 것

같습니다.

산헤드린 공회원이었던 니고데모는 당대의 지식인이요, 부자요, 많은 것을 가진 자였지만 천국에 대한 욕심도 대단히 많았습니다. 때문에 그는 예수님을 진정으로 존경하고 따랐지만, 자신의 지위나 명예에 악영향을 끼칠까봐 떳떳하게 나서지 못하고 뒤에서 쭈뼛거리고 있었습니다.

신앙인이었고, 신앙에 깊은 관심을 보인 니고데모는 여전히 세상적인 두려움을 가지고 있었습니다. 니고데모야말로 자신의 모든 것을 지키고, 진리도 배우고, 천국도 가고 싶고, 세상의 명예도 갖고 싶은 소극적인 엘리트 교인이었습니다.

그런데 이 니고데모는 정작 중요한 시점에서 변화가 됩니다. 예수님의 십자가 사건을 직접 경험하고 난 이후 신앙의 정체성을 분명히 드러내게 됩니다. 예수님께서 십자가에 못 박히셨을 때 제자들도 모두 도망갔으며 가족들 중 어느 누구도 시체를 어찌할 줄 모르고 있었습니다. 그 때 아리마대 요셉은 당당히 빌라도에게 예수님의 시신을 요구했고 니고데모도 몰약과 침향을 섞은 것을 34kg이나 가지고 찾아왔습니다.

사람들이 모두 무서워 떨면서 자신의 안위를 생각했을 때, 요셉과 니고데모만이 자신의 지위와 명예, 재산을 아까워하지 않았습니다. 누가 보아도 이들이 예수님을 믿는 제자임을 명확히 알 수 있게 변했습니다. 겁 많고 이기적이던 니고데모가 어떻게 이처럼 당당해질 수 있었던 이유가 무엇이었을까 궁금합니다.

바로 '십자가'를 깊이 경험했기 때문입니다. 진리를 깨닫고 나니 겁이 사라지고 용기가 생겼습니다. 진리를 알면 우리가 자유로워지는 것을 알 수 있습니다. 명예로부터의 자유로움, 재물로부터의 자유로움, 그리고 두려움으로부터의 자유로움을 하나님께서 주신 것입니다.

지금 나는 십자가 사건을 만나기 전의 니고데모가 아닌지 살펴 보아야 합니다. 그리고 내가 재산과 명예, 모든 것을 주를 위해 바칠 '니고데모'가 될 수 있는지도 한 번 점검해 보아야 할 것입니다.

그래서 우리는 이렇게 기도했으면 합니다. "하나님, 우리에게 힘과 용기를 주시옵소서. 우리가 하나님의 도구로 쓰이길 원합니다. 나의 모든 재능, 재물, 지식을 주의 일을 위하여 쓰이게 하옵소서. 지금은 겁쟁이고 이기적인 니고데모이지만 능력을 주시는 자 안에서, 용기 있는 니고데모가 되기를 원합니다."라고 말입니다. 감사합니다.

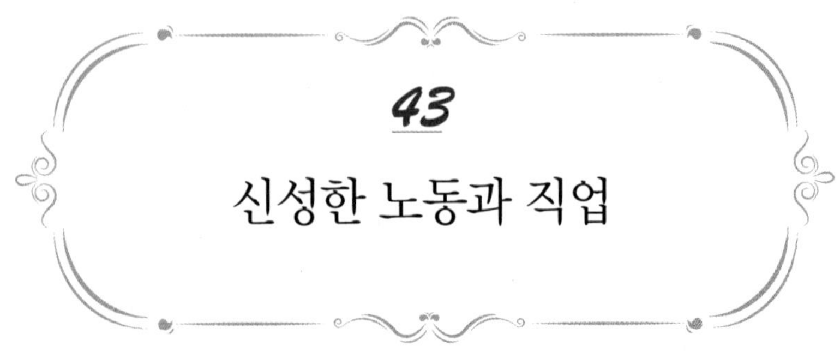

신성한 노동과 직업

기업인은 청지기 정신으로 정직한 기업 운영을 통해 세계를 향해 나아가며, 정부는 그 뒷받침과 격려를 아끼지 말아야 합니다. 근로자들도 하나가 되어 힘을 모아야 할 때입니다.

요즘 젊은 청년들이 대학을 졸업한 후에도 일자리가 없어 무척 힘들어 합니다.제가 운영하는 기업만 해도 직원채용공고를 내면 정말 화려한 스펙을 가진 청년들이 얼마나 많은 이력서를 보내 오는지 그것을 보면서도 한편으론 마음이 아프기도 합니다.

오랜 기간 공부하고 자신을 닦아 사회에 첫발을 내딛으려는데도 그 기회조차 주어지지 않으니 그 실망과 낙담은 참으로 클 것입니다. 저는 사업상 세계 여러 나라를 많이 다니는 편입니다. 그런데 그 어느 나라도 청년들의 이같은 실업문제가 다소 차이만 있을 뿐 존재합니다.

세상의 모든 업무가 컴퓨터 활용과 첨단 장비의 시용으로 인간이 해야 하는 역할이 자꾸 줄어들기 때문입니다.

카나다에 갔을 때도 일자리가 없는 청년들이 많았고, 선진국인 스웨덴, 덴마크도 마찬가지였습니다. 이처럼 전 세계적으로 일자리는 큰 사회적인 문제입니다. 일자리를 만드는 것은 회사인데, 선진국 기업인 자녀들은 회사 경영을 기피한다고 합니다. 세금이 너무 많고 힘드니, 아버지가 회사를 아들에게 물려주려 하면 그 아들이 '저는 골치 아프지 않게 그냥 이대로 편히 살겠습니다'라고 답한다고 합니다.

이렇듯 새롭게 사업을 개척하려는 기업가 정신이 사라지고 있습니다. 이렇게 점 회사가 없어지고, 삶의 질만 강조하면 자연히 근로자도 없어지게 됩니다.

한국도 청년 실업이 계속 사회 문제로 대두되고 있고 일자리를 지키자는 노동계의 움직임이 강하게 일어나고 있습니다. 일면 이해는 되지만 이념이나 정치적인 목적의 노동운동은 오히려 일자리를 줄어드는 결과를 가져오게 할 수 있음을 알아야 합니다.

성경은 땀 흘려 일하는 것이 인간의 본분임을 이야기합니다. 일하기 싫으면 먹지도 말라. 게으름은 가난을 가져온다고 말씀하고 있습니다. 청교도들은 직업의 귀천을 따지지 말아야 하고, 재물은 하나님이 잠시 맡기신 것이며, 돈은 잘 쓰면 부자의 면류관이고 잘못 쓰면 돈에 녹이

슬어 그 독으로 생명을 잃는다고 가르칩니다.

기업인은 청지기 정신으로 정직한 기업 운영을 통해 세계를 향해 나아가며, 정부는 그 뒷받침과 격려를 아끼지 말아야 합니다. 근로자들도 하나가 되어 힘을 모아야 할 때입니다.

그래서 기업이 잘 돌아가고 근로자의 생활이 안정돼야 교회도, 복지도, 남을 도울 마음도, 그리고 전도할 마음도 더 열정적으로 생길 것이란 생각을 해 봅니다. 감사합니다.

소명을 찾아서

내가 지금 있는 이 위치에서 할 수 있는 최선의 방법을 찾는 것
이야말로 자신의 직업을 소명으로 여기는 크리스천의 자세라고
하지 않을 수 없습니다.

대한민국에 800만명의 직장인이 있다고 합니다. 자신에게 월급을 주
는 직장에 소속돼 열심히 일하고 가정을 꾸리며 사회의 일원으로 살아
갑니다.

그러므로 직장인은 누구나 남이 평가할 때 좋은 직업을 갖는 것을
원하고 또 더 나은 대우와 휴가를 보장해 주길 기대합니다. 직업을 뜻
하는 영어단어 잡(JOB)에는 '밥 한 술'이라는 뜻이 있으며, 또 다른 콜
링(CALLING)이라는 단어에는 '소명'이라는 뜻이 있습니다.

즉 밥 한 술을 위해 매일 고생하며 일하는 고단한 사람이 있고, 내가 하는 일을 통해 하나님이 원하시는 소명을 다 한다는 생각을 가지고 자신의 직업에 충실한 사람이 있다는 것입니다. 그러므로 우리가 인생을 살아가면서 자신이 하고 있는 일을 '잡'으로 보느냐 '콜링'으로 보느냐는 매우 중요한 문제입니다.

교회의 목사와 같은 성직이 아니더라도 대장장이건 목수건 청소부이건 주님이 부르심으로 받아 충실히 일하는 것이 콜링입니다. 재물이란 하나님의 것을 자신이 잠시 보관했다가 주님이 원하시는 곳에 쓰인다고 생각하는 것이 바로 청지기 정신입니다.

이런 점에서 기업인이 사업을 통해 얻은 재물을 하나님의 나라와 그 영광을 위해 쓴다면 정말 보람 있는 일일 것입니다. 자신의 지식과 건강, 모든 것도 하나님께 드린다는 소명 의식을 가지고 이를 하늘나라 건설에 기꺼이 쓸 수 있다면 정말 보람 있는 인생을 살 수 있다는 생각을 해봅니다.

많은 기업이 요즘 나눔 운동에 앞장서고 있습니다. 소외계층과 불우 이웃을 대폭 지원함으로서 기업의 사회적 책임을 다하고 있습니다. 참으로 바람직한 일이 아닐 수 없습니다. 이 역시 기업이 이윤만 추구하는 것이 아니라 사회적 소명을 다하는, 즉 콜링의 기업인 셈입니다.

요즘 한국교회와 성직자에 대한 세상의 시선이 곱지 않습니다. 그러나 목회자가 직업이 아닌 소명 의식을 가지고 목회를 하고 성도들도

하나님이 주신 달란트 대로 소명 의식을 가지고 세상에서 빛과 소금
의 역할을 할 때 하나님의 나라가 이 땅에 임할 것이라는 생각을 해
봅니다.

많은 이들이 성공하고 많은 돈을 벌면 하나님 일을 하겠노라고 서원
하지만 그것이 지켜지는 경우가 많지 않습니다. 자신이 원했던 수준이
되더라고 그 목표가 더 높아지고 더 커지면서, 결국 나중엔 모든 것을
잃어 목표가 물거품처럼 사라지는 경우를 많이 보곤 합니다.

내가 지금 있는 이 위치에서 할 수 있는 최선의 방법을 찾는 것이야
말로 자신의 직업을 소명으로 여기는 크리스천의 자세라고 하지 않을
수 없습니다.

주님의 각 자에게 주신 직업을 사명이자 소명으로 여기고 최선을 다
해 일하며 그 가운데 하나님의 뜻을 찾는 저와 여러분이 되길 원합니
다. 감사합니다.

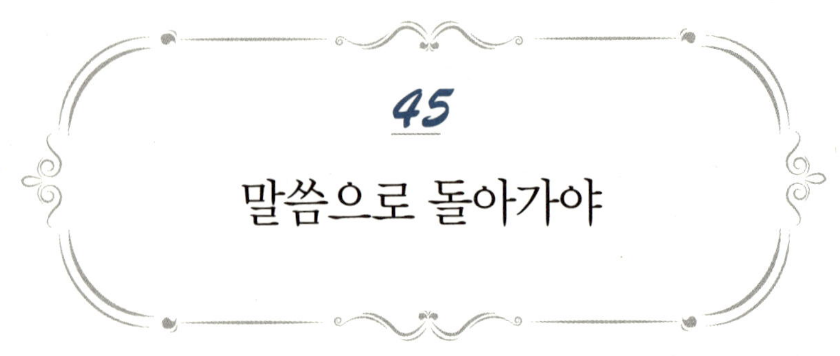

경영학 교수가 실제 경영을 해서 사업에 성공하는 경우가 적듯
이, 신학만 열심히 공부해 박사학위까지 받는다고 해서 목회에
성공한다고 확신할 수는 없습니다.

저도 기업을 경영하고 있지만 가끔씩 대학의 요청을 받아 기업경영
에 대한 특강을 하러 가곤 합니다. 주로 경영학과에 많이 가게 되는데
이 경영학과 교수들은 학생들에게 장차 기업을 어떻게 경영해야 성공
할 수 있는지를 학문적으로 가르치는 분들입니다. 그러므로 이론적으
로 잘 무장된 경영학 교수들이 만약 사업을 직접 하신다면 크게 성공
을 해야 상식적으로 맞습니다.

그러나 경영학과 교수가 회사를 만들어 돈을 많이 벌었다는 소식은
별로 들어본 적이 없습니다. 학문과 실제 경영은 그만큼 다른 것이기
때문입니다. 그런데 반면 경영학을 전혀 모르고 사업을 잘 한다는 사

람도 보지 못했습니다. 어느 정도 회사 규모가 커지면 경영학 지식 없이는 성장의 한계를 느끼게 됩니다.

이처럼 학문은 우리에게 어느 정도 길을 가르쳐주고 방법을 제시합니다. 목회자가 되려는 신학생들도 주로 신학교에서 신학을 공부합니다. 신학이라는 학문을 잘 배우고 이를 숙지했을 때 이것이 기초가 되어 교인을 대상으로 목회하고 설교할 때 그 영향을 나름대로 크게 미친다고 생각합니다.

그러나 실상 교인들이 원하는 것은 신학적 지식보다는 성경 말씀입니다. 일점 일획도 변함없는 하나님 말씀에 감동을 받는 것이지 이론이나 학설이 주는 영향은 크지 않습니다. 하나님의 말씀이 우리의 심령에 변화를 주고 우리를 구원에 이르게 하는 길이기 때문입니다.

한국 신학교를 살펴보면 성경 수업 시간이 너무 적거나 아예 없어 깜짝 놀랐던 적이 있습니다. 신학생이라면 성경을 더 많이, 더 깊게 연구해야 하는데 영성적인 부분 보다는 이론에 치우쳐 학문을 배우고 있었습니다.

경영학 교수가 실제 경영을 해서 사업에 성공하는 경우가 적듯이, 신학만 열심히 공부해 박사학위까지 받는다고 해서 목회에 성공한다고 보장할 수 없습니다.

목회자는 성령충만을 받고 뜨거운 사명감과 비전을 가져야 한다고 생각합니다. 말씀에 깊이 들어가 말씀을 이해하고 체험해서 이를 녹여 낸 것을 메시지로 담아야 한다고 생각합니다. 그래서 성도들에게 은혜의 꿀을 먹여주어야 합니다. 말씀에서 지혜를 얻어 그 말씀을 전해야 감동으로 다가옵니다.

오늘도 성령 하나님이 나와 동행하시고 나를 감찰하시며 내 언행을 인도하신다는 확신을 갖는다면 우리는 어려운 세상을 쉽게 이겨내며 살 수 있다는 확신이 듭니다. 그리고 이 믿음으로 인해 하나님께서 섭리하시고 보호하셨던 여러 증거들을 기억하면 감사와 순종의 기도가 나오게 됩니다.

목회자와 성도는 단지 역할만 다를 뿐 하나님의 부르심을 받은 일꾼들입니다. 각 자 맡겨진 분깃에 최선을 다함으로 삶과 신앙에서 다 승리하길 희망합니다. 감사합니다.

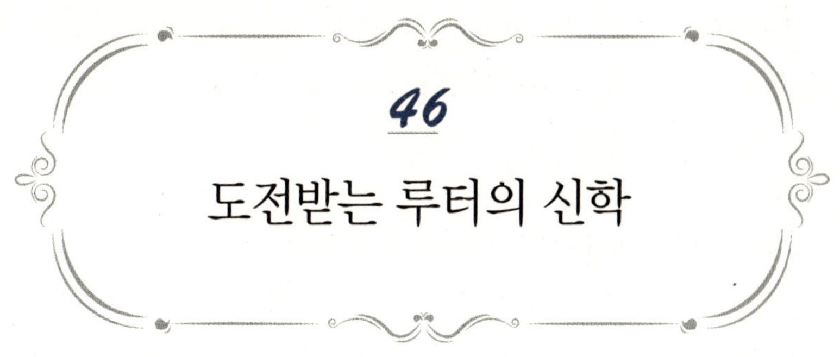

도전받는 루터의 신학

성경 말씀을 따라 목숨 걸고 외쳤던 루터의 용기있는 신앙고백
처럼 하나님의 말씀이 성경대로 가르쳐지고, 우리 성도들을 하
나님 말씀을 지키고 또 실천하며 살아가야 한다고 생각합니다.

올해 종교개혁 500주년을 맞아 교계가 많은 행사를 준비하고 있습
니다. 종교개혁의 중심에는 마틴 루터가 있습니다. 루터를 전공한 한
교수님이 "루터의 신학은 오직 믿음이며, 오직 성경대로 사는 것이 핵
심"이라고 말씀하시는 것을 들었습니다. 그리고 우리 모두가 제사장이
라는 만민제사장설을 통해 그의 신학의 일관성을 강조했습니다.

루터는 천주교 신부이면서도 하나님 중심에서 교황 중심의 종교관
으로 옮겨간 천주교 교리를 과감하게 비판했으며, 자신의 목숨을 바쳐
종교권력과 싸웠습니다.

그때까지 일반 성도들은 성경을 읽을 수 없었기에 모든 하나님 말씀을 신부로부터 들을 수밖에 없었고, 그것이 옳은 말씀인지 그릇된 말씀인지를 알 수 없었습니다.

루터는 성경을 읽지 못하는데 어떻게 하나님의 뜻을 이해할 수 있겠냐고 생각해 헬라어 성경을 독일 자국어로 번역해 모든 국민이 성경을 읽을 수 있도록 했습니다. 성도들에게 하나님의 말씀을 들려주는 위대한 일을 한 것이었습니다.

그리고 행위를 통해서만 구원을 받는다는 당시 가톨릭 교리에 정면으로 대항하고, 구원은 오직 믿음에 의해 이루어지는 하나님의 선물임을 강조했습니다. 천주교 교황을 상대로 맞선 이 용기가 결국 결국 종교개혁을 이루어 개신교가 탄생된 것입니다.

이 만민제사장 사상은 영국의 퓨리탄에게 갔고 이 정신이 바로 미국을 건설한 청교도 정신입니다. 또 이 정신으로부터 민주주의가 꽃을 피웠고, 산업혁명을 통한 세계 경제 발전의 중요한 계기가 되었습니다. 성직자들이 기득권을 버리지 않으면, 루터의 신앙과 신학은 이 땅에서자리 잡기 힘들 것이란 생각을 가져봅니다.

성경 말씀을 따라 목숨 걸고 외쳤던 루터의 용기있는 신앙고백처럼 하나님의 말씀이 성경대로 가르쳐지고, 우리 성도들을 하나님 말씀을지키고 또 실천하며 살아가야 한다고 생각합니다.

그래서 "너희 몸을 거룩한 산 제사로 드리라"는 성경 말씀 처럼 우리가 우리 삶 속에서 '산 제사'라는 말을 실천하려면, 일반 성도들과 교역자 모두가 청지기 정신으로 돌아가야 한다고 생각합니다. 그래야만 교회가 하나님이 기뻐하시는 진정한 성령 공동체가 될 것입니다.

우리 모두 직분과 권위에 매인 타성에 젖은 신앙생활을 돌아보고 루터의 종교개혁 정신을 깊이 생각해 보는 시간을 가졌으면 합니다. 이 땅에 바른 신앙과 신학이, 그리고 실천하는 기독교인이 충만했으면 좋겠습니다. 감사합니다.

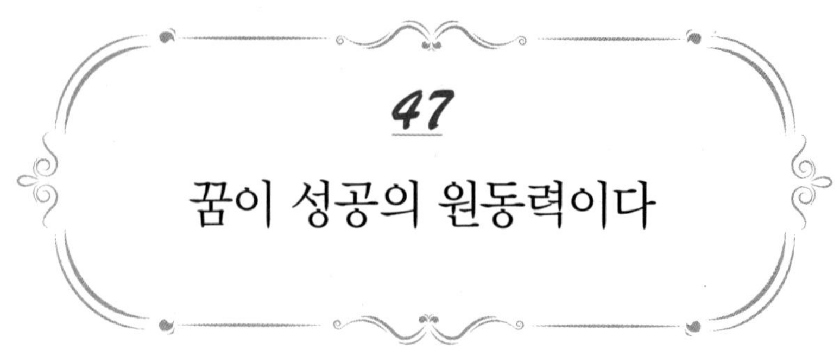

성공하는 사람들의 삶의 자세는 대개 능동적입니다. 우리가 돈
을 벌기 위해 억지로 일에 매달리는 것이 아니라 내 꿈의 성취를
위해 즐겁게 일하는 자세를 가질 필요가 있습니다.

오늘은 우리가 꿈만 버리지 않는다면 절망이 희망으로 변하게 된다
는 이야기를 하려고 합니다.사람들은 누구나 자신이 최선을 다했을 때
그 일에 만족을 느끼게 됩니다. 또 최선을 다하는 열정이 있을 때 그 일
은 반드시 성취되곤 합니다.

열정은 곧 힘입니다. 열정적으로 일하는 사람과 함께 있으면 우리는
곧 그 힘에 감염되곤 합니다. 열정은 그만큼 전염성이 강합니다. 일을
성취하는 데 성패를 결정짓는 것은 테크닉 보다 열정입니다. 열정이 성
공과 실패를 나눈다고 해도 과언이 아닙니다.

저는 그동안 제 일에 열정을 가지고 최선을 다했습니다. 열정의 힘으

로 밤낮 없이 뛰어다녀도 지칠 줄 몰랐던 것 같습니다. 하지만 저도 인간인지라 때때로 너무 지치고 힘들어 회사를 그만두고 싶다는 생각이 들 때도 많았습니다. 꼼짝할 수 없는 막다른 골목에 갇힌 기분이 들고 벼랑 끝에 서 있다고 생각되기도 했습니다. 그럴 때마다 저는 기도하면서 늘 제 꿈과 목표를 상기했고 이 때마다 열정을 되찾곤 했습니다.

마틴 루터 킹 목사는 한 연설에서 "우리가 꿈만 버리지 않는다면 절망의 동산에서 희망의 반석을 캐낼 수 있다."고 역설했습니다. 인간은 꿈을 꿈으로써 성장하고 그 꿈으로 인해 위기와 절망을 극복할 수 있는 힘도 얻을 수 있기 때문입니다.

꿈꾸는 사람이 미래를 만들어낼 수 있습니다. 그렇지 못한 사람들은 다른 사람들이 만들어놓은 세상에서 불편을 하소연하곤 합니다. 그래서 꿈꾸는 사람은 세상의 법칙을 만드는 지배자가 되고, 그렇지 못한 사람은 그 법칙에 따라야 하는 것입니다.

제가 아는 어떤 사람은 자신의 목표를 적은 종이를 항상 지갑에 넣고 다닌다고 합니다. 지갑을 꺼낼 때마다 자연스럽게 그 종이가 보이고, 거기에 적힌 자신의 목표를 상기하게 되는 것입니다. 그렇게 하루에 한 번씩이라도 자신의 꿈을 상기하면서, 그것으로 그는 하루를 살아갈 힘을 얻게 된다고 하는 이야기를 들었습니다.

꿈이 있는 사람은 일에 끌려 다니는 것이 아니라 일을 찾아다닙니다.

주어진 일을 마지못해 할 때와 필요한 일을 찾아서 할 때 그 결과는 천지 차이입니다. 수동적인 자세로는 발전이 이루어지지 않습니다. 능동적으로 일을 찾아다닐 때 꿈의 실현은 성큼 앞당겨질 것입니다.

성공하는 사람들의 삶의 자세는 대개 능동적입니다. 우리가 돈을 벌기 위해 억지로 일에 매달리는 것이 아니라 내 꿈의 성취를 위해 즐겁게 일하는 자세를 가질 필요가 있습니다.

저는 이제 적지 않은 나이지만 꿈을 생각하면 가슴 한편이 뜁니다. 여러분도 꿈이 여러분의 삶을 역동적으로 바뀌게 만드는 원동력이 되었으면 합니다. 감사합니다.

성경을 깊이 읽지 않고 신앙생활을 해 왔다면 솔개처럼 고통이
있더라도 부단한 노력을 통해 성경 속 하나님을 다시 찾고 그
뜻을 헤아려 보았으면 합니다.

오늘은 우리의 신앙도 삶도 끊임없이 변화되는 환경에 더 새로워지
고 바뀌어야 한다는 이야기를 드리려고 합니다.

여러분은 무서운 맹금류에 해당되는 새인 솔개에 대해 들어보셨을
것입니다. 매서운 발톱과 부리는 하늘을 나는 새 중 제왕의 자리를 다
툴 만합니다. 솔개의 수명은 오래 살면 60년에서 70년이라고 합니다.
그러나 솔개의 나이 40세 쯤 되면 부리는 완전히 노쇠해 쪼그라들어
도저히 사냥을 하지 못하게 되고, 날카로운 발톱도 죽은 발톱이 되어
쓸모가 없어진다고 합니다.

이 때 솔개는 새로운 갈림길에 서게 됩니다. 무뎌진 발톱으로 사냥을 못하니 먹이를 못먹어 딱딱한 바위에 낡은 부리를 쪼아 뽑아버려 새 부리가 나오게 한다는 것입니다. 그러나 여기엔 부리가 뽑혀나가는 엄청난 고통을 참아야 하는 인내가 필요합니다.

이렇게 뼈를 깎는 고통을 겪은 솔개는 다시 30년을 살아갈 부리를 얻고 하늘의 왕자로 살아갈 수 있는 것입니다. 이 고통의 시간이 솔개의 새로운 탄생을 만드는 것입니다.

요즘은 하루가 다르게 세상 문물이 바쁘게 변화되고 있습니다. 새로운 것에 익숙해 지려고 하면 더 새로운 것이 나와 있습니다. 핸드폰만 보더라도 그 기능과 활용도가 얼마나 빠르고 다양한지 보통 사람은 그 기능을 반도 다 사용하지 못하고 있습니다.

회사의 직장문화도 마찬가지입니다. 40세 이상부터는 불안감을 느끼기 시작한다고 합니다. 내가 배웠던 지식이 나중에 많이 변한 것을 발견하는데 법규도 빨리 바뀌고 규정도 빨리 바뀌어 계속 공부하지 않으면 낙오된다는 생각을 떨쳐 버릴 수 없습니다.

세상은 변하고 지식도 바뀌고 경쟁은 더해 가는데 비례해 스트레스도 더 심해지고 있습니다. 반면 희망은 점점 줄어드는 세대가 되어 안타깝기 그지 없습니다. 따라서 변화되는 환경에 부응하려면 계속 연구하고 노력하고, 때론 고통도 감수해야 하는 세상이 되었습니다.

그러므로 옛 것을 벗고 새로운 변화를 시도해 보아야 합니다. 솔개와 같이 옛 것을 벗어버리고 새롭게 자신을 무장해야 할 필요가 있습니다. 너무 안일하고 쉽게 편한 것만 추구하며 살아 왔다면 새로운 것을 발견해야 할 때입니다.

사회생활뿐만 아니라 신앙생활도 마찬가지 입니다. 그동안 목사님께 순종하고, 헌금 잘 내고, 어려울 때 열심히 기도하는 평범한 신앙생활을 했다면 이제 한 번쯤 자신의 신앙생활을 세밀히 뒤돌아 볼 것을 권유드리고 싶습니다. 내가 영적인 성장을 위해 어떤 노력을 했는지, 어떤 열심을 냈는지 점검하고 챙겨 보았으면 합니다.

성경 속에는 하나님이 계십니다. 성경 속에 지혜가 있고 인생의 의미도 찾을 수 있습니다. 그동안 성경을 깊이 읽지 않고 신앙생활을 해 왔다면 솔개처럼 고통이 있더라도 부단한 노력을 통해 성경 속 하나님을 다시 찾고 그 뜻을 헤아려 보았으면 합니다.

기독교인에게 인생의 목표는 하나님께 영광을 올리고 기쁘시게 하는 것입니다. 이 과정도 변화와 갱신, 스스로의 노력을 통해 얻어집니다.

여러분이나 저나 모두 새로운 부리로, 새로운 발톱으로 십자가의 군병으로 살아가길 기도합니다. 감사합니다.

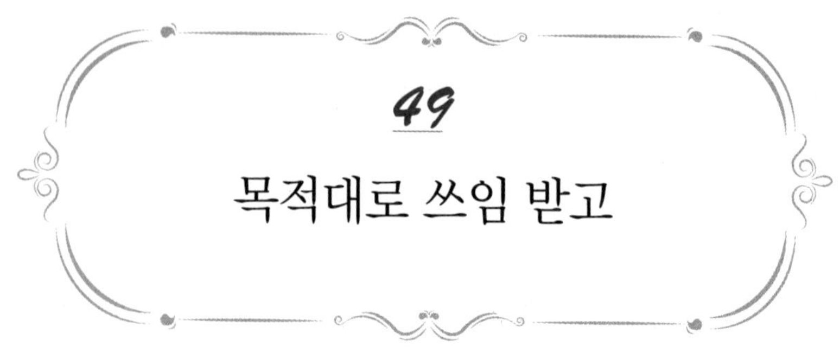

49

목적대로 쓰임 받고

제가 하나님의 목적대로 회사가 운영되길 기도하는 것처럼, 하나님도 저와 회사가 하나님의 목적대로 쓰이기를 바라실 것입니다.

우리가 적성검사를 해보면 자신의 성격유형이 상세하게 나타나고 또 어떤 일이 어떤 직업이 적합한지도 알려줍니다. 그리고 이것은 통계이기에 모두들 고개를 끄덕이며 인정을 합니다.

이런 맥락에서 사주팔자를 보는 역술인들이 갑자기 생각났습니다. 운명론을 믿으며 사주팔자를 보는 점집이 주변에 얼마나 많은지 모릅니다.

그런데 뉴스에 따르면 앞으로는 유전자를 분석해 역술인이나 적성검사보다 더 정확한 판단을 내릴 수 있다고 합니다. 사람의 피나 머리카

락을 가지고 그 사람의 건강이나 질병뿐만 아니라 수명까지도 분석해 기업인사에 반영되는 시대가 온다는 것입니다. 다만 인권 문제가 있어 법률적으로 허용될 것 같지는 않습니다.

우리의 일생이 정해져 있다면 그것은 무엇을 뜻하는 것일까 생각해 봅니다. 우리가 내일을 알 수 있다면 우리에게 주어진 희망은 과연 무슨 의미가 있을까요? 그렇다면 과연 기독교적인 인생관은 무엇일까요?

성경은 이런 문제에 대해 어떤 이야기를 해줄지 연결지어 생각해보게 됩니다. 성경은 이 부분에 대해 목적이 분명한 삶의 방향을 제시하고 있습니다. 각 사람은 하나님의 목적과 계획 하에 탄생했고 그 능력은 사람마다 다르게 주어졌습니다. 한 달란트, 다섯 달란트, 열 달란트 등이 주어졌고 그 달란트대로 세상을 살아가는데, 그 목적은 모두 하나님을 영광스럽게 하고 기쁘게 하는 것이라 믿습니다.

그 목적에 인생의 길이 있다고 성경은 말씀하십니다. 성경은 내가 받은 능력대로, 하나님의 목적대로 쓰임을 받는 인생이 바른 길이라고 가르치고 있는 것입니다.

제게는 제가 운영하는 제약회사를 설립하게 하신 목적이 있을 것입니다. 제가 하나님의 목적대로 회사가 운영되길 기도하는 것처럼, 하나님도 저와 회사가 하나님의 목적대로 쓰이기를 바라실 것입니다. 내가

잘못된 길로 가면 징계로 교훈으로, 또는 사랑으로 인도하려 하실 것
이라 믿습니다.

그래서 전 오늘 나의 인생이 지음받은 목적은 무엇인지, 내 달란트는
무엇이며 그리고 제대로 그 길을 가고 있는지 곰곰이 생각해 보았지만
참으로 부족하고 만족스럽지 않았습니다. 내 욕심과 행복만을 기도했
던 것을 느끼고 저의 부족함을 다시 확인했습니다.

"나는 정말 행복하게 살았고 앞으로도 행복한 저 세상에서 더욱 행
복하게 살겠다"고 고백할 수 있도록 늘 하나님의 뜻을 구하고 그 길에
서 행복을 얻는 현명함을 찾아야 할 것입니다. 감사합니다.

50

멘토

오늘은 개개인의 삶에 지침과 교훈을 주고 목표가 될 수 있는 멘토
이야기를 하려고 합니다.

조선왕조 이래 우리의 정신문화를 이끌었던 유교사상은 부모를 공
경하고 스승을 존경하는 것을 바탕으로 합니다. 그러나 오늘날 이 정
신문화는 점점 퇴색되어 가고 있습니다. 또 식민지 시대 독립운동의 원
동력이었던 기독교정신도 해방 후 점점 사그라졌고 교인은 늘었어도
이 때처럼 정신적 주체가 되지 못하고 있습니다.

이후 급변하는 사회 환경 속에서 우리민족의 정체성과 정신문화가 사라지고 그 자리에 황금만능주의와 이기주의가 자리 잡았습니다. 무엇보다 각 자의 멘토가 사라지고 있는 것에 안타까움을 느끼게 됩니다.

예전에는 선생님이 학생들에게 귀중한 멘토였습니다. 학생에게 가장 큰 영향을 미쳤던 사람은 교사였고 그래서 우리는 선생님을 스승이라고 불렀습니다. 그러나 이제 스승이 되고자 하는 교사도 적어지고, 선생님을 스승으로 인정하고 따르는 학생도 적어졌습니다. 학생들의 인권이 커지고 있지만, 동시에 멘토도 사라지고 있는 것입니다.

기업에서도 현대의 정주영 회장, 삼성의 이병철 회장은 국가를 생각하면서 기업을 만들었고 일자리를 창출했습니다. 국가의 발전이 자신의 기쁨이라 여기던 시절, 기업은 시련은 있지만 실패는 없다는 기업정신으로 맨바닥에서 일류 기업으로 성장시킬 수 있었습니다. 그러나 요즘은 도전정신만으로 기업을 키웠던 멘토들은 전설 속의 이야기가 되어 가고 있습니다.

예전 목사님들도 가난 속에서 기도하며 교인을 양육했습니다. 교인들도 목회자를 사랑했고 존경했는데 이런 정신이 점점 사라지고 있습니다. 이런 점에서 앞으로 과연 누가 멘토가 되어야 할까요.

요즘 세대의 멘토는 스마트폰이 되어 버렸습니다. 궁금한 것이 있으면 스마트폰에서 답을 찾는데 방대한 지식을 얻을 수는 있지만, 지혜를 얻을 수는 없습니다.

그렇다면 누가 우리를 옳은 길로 인도해줄 수 있을지 그 누구도 길을 제시해주는 사람이 없습니다. 믿고 따를 수 있는 스승이 없고, 그 누구도 멘토라고 인정하지 않는 우리 사회가 참 걱정스럽습니다.

저는 스승과 멘토가 없는 이 사회에서 성경에서 정답을 찾아야 한다고 생각합니다. 우리의 길은 하나님이 인도하신다는 믿음 아래 성경 속에서 길을 찾고 정체성을 세워야 합니다.

학교도, 교회도, 학원도 그 멘토의 기능을 맡기에 부족하기에 전능하신 하나님만이 우리 사회와 가정, 회사의 멘토가 주어 주실 수 있음을 믿고 의지하는 우리가 되었으면 합니다. 감사합니다.

"무릇 하나님께로부터 난 자마다 세상을 이기느니라
세상을 이기는 승리는 이것이니 우리의 믿음이니라"(요일 5:4)

chapter 6

세상을 이기고 정복하라

크리스천과 물질 | 찬송가 부르기 운동
소통과 리더십 | 물질과 명예
테마가 있는 삶 | 마인드웨어(Mindware)를 다시 짜라
두려움을 극복하라 | 급변하는 세상과 교회의 사명
술보다 케이크를 사라 | 인정하고 도전하라

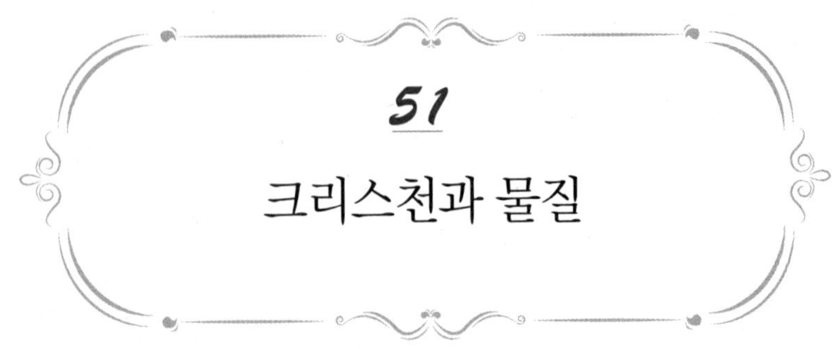

51

크리스천과 물질

교회는 가난한 이웃과 사회에 물질을 사용하는 노력을 기울여
야 합니다. 이것이 진정한 전도로 이어질 수 있는 방법이기도 합
니다.

유대인들은 인생에서 제일 중요하게 여기는 것으로 '자선'을 꼽습니
다. 유대인 경전인 탈무드는 '사람이 죽을 때 가지고 가는 것은 아무
것도 없으나, 다만 살아있는 동안 자선을 베푼 것만은 하늘나라로 갖
고 간다'고 가르치고 있기 때문입니다.

그래서 세계적인 기업을 경영하면서 자선사업에 거액을 희사하는 유
대인 갑부들이 많습니다. 빌 게이츠, 록펠러 등은 이를 실천해온 유대
인들입니다. 우리 기독교인들이 하늘나라에 갈 때 인정받는 것으로 생
각해 열심히 전도를 하는 것과 마찬가지입니다.

성경은 '옳지 않은 청지기' 비유 속에서 이들의 지혜로움을 칭찬합니

다. '이 세대의 아들들이 자기 시대에 있어서는 빛의 아들들보다 더 지혜롭다'고 말씀하시면서 우리 크리스천들에게도 재물로 친구를 사귀라고 가르칩니다.

즉 '물질이 죽을 때 모든 것을 버릴 수밖에 없는, 세상에 속한 것'이라 말씀하시고 이 작은 것에도 실천을 하지 못하면 어떻게 참된 것을 맡길 수 있겠느냐고 질문하십니다. 집의 하인이 두 주인을 섬길 수 없는 것처럼 너희도 하나님과 재물을 겸하여 섬길 수 없다고 말씀하고 있는 것입니다.

물질만능주의를 하나님의 말씀보다 더 중하게 여기는 현 시대에서 참으로 따르기 어려운 말씀입니다. 그러나 기독교 문화가 사회에 뿌리를 내린 미국과 서구 사회에는 이 개념이 잘 받아들여져 기부 문화가 생활화되어 있습니다.

그러나 우리는 아직 이에 훨씬 미치지 못하고 있습니다.'기업의 사회공헌'에 대한 평가를 중하게 여기는 시대에 와 있습니다. 경영의 목표가 '이익 추구'에서 '사회와 함께 나누는 것'으로 변화된 시대로 들어선 것입니다.

그런데 요즘 교회는 이 나눔과 자선의 역할을 제대로 하지 못하니 대중으로부터 비난을 받고, 기독교인의 사회적 평판도 좋지 않습니다. 안티(anti) 크리스천도 생겨나 전도에 큰 장애가 되고 있습니다.

교회는 가난한 이웃과 사회에 물질을 사용하는 노력을 기울여야 합니다. 이것이 자연스럽게 전도로 이어질 수 있는 방법이기도 합니다. 자신의 잔치에만 너무 많은 시간과 물질을 쓴다는 비난을 받아서는 안될 것입니다.

우리가 교회에 헌금을 잘 하는 것은 아주 좋은 한국적 신앙관입니다. 여기서 모여진 헌금은 교회운영과 선교에도 잘 쓰이겠지만 어려운 이웃과 고통받는 사람들을 위해서도 쾌히 사용할 수 있었으면 하는 바램을 가져 봅니다.

물질이야 말로 잘 쓰면 약이지만 못쓰면 독이 된다는 격언이 다시 한 번 기억납니다. 무더운 여름 건강 유의하시길 바랍니다. 감사합니다.

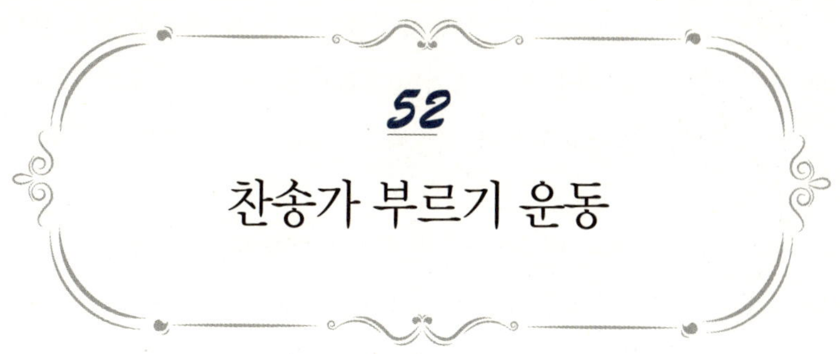

찬송가 부르기 운동

제 삶에서도 찬양은 믿음의 활력소요 생기입니다. 은혜로운 찬
송가 소리에 새 힘을 얻고 신앙을 추스르며 주님 앞에 더 열심
히 살아갈 것을 다짐하게 됩니다.

오늘은 기독교계에서 순수 정통 찬송가가 더 많이 불리어져야 한다
는 이야기를 하려고 합니다.

지난 4월28일 유나이티드문화재단이 경기도 광주 곤지암에 세운 히
스토리캠퍼스의 개관기념으로 합창단 특별 찬송가 콘서트가 이곳 곤지
암 야외공연장에서 열렸습니다. 이 히스토리 캠퍼스는 기독교문화 확
산을 위한 2만여평의 공간으로 1400석의 야외공연장과 400석의 다목
적콘서트홀, 실내 150평의 근대기독교역사박물관, 산책로 등을 갖추
었습니다.

10여개 합창단이 출연한 이날 합창공연은 CCM을 제외한 순수 찬송가만 불렀고 참석자들은 찬송가의 은혜로운 곡조와 가사를 통해 감동의 시간이 되었다고 합니다.

저는 그동안 기독교 방송이나 기독교 영상체널에서 순수 찬송가 보다 CCM이나 복음성가를 더 많이 들려주는 것에 안타까움을 가졌습니다. 기존 찬송가를 편곡해 기교를 너무 많이 살린 것을 들으며 이건 아니다 싶어 정통 찬송가 부르기 운동에 나서 보기로 했던 것입니다.

찬송의 목적은 유일신 하나님은 영화롭게 하고 영광을 올려드리는 것입니다. 그 자리에 음악이 주는 지나친 감정이입이나 흥분으로 찬송가가 불려지는 본래의 목적이 상실되면 안될 것입니다.

물론 정통 찬송가나 복음성가, CCM 모두가 시와 음악으로 하나님을 높이고 경배한다는 점에서는 차이가 없다고들 말합니다. 그러나 찬송가는 하나님을 찬양하는 공인된 노래로 복음성가보다 더 널리, 보편적으로 인정받아 역사적으로 오랜 기간 흘러온 찬양곡들입니다. 찬송가는 장기간 교회나 교단의 인정을 받은 검증된 곡인 것입니다.

반면 CCM과 복음성가는 대중 음악처럼 현대 또는 최근에 나온 곡들로 주로 청년들에게 사랑을 받고 있습니다. 따라서 CCM과 복음성가도 오랫동안 성도들에 불리워져 후일 찬송가로 인정받을 수 있을 지 모르지만 아직은 대예배 시간에 가벼운 CCM음악이 불려지는 것은 성급하다는 것이 저의 생각입니다.

성경 에베소서 5장19절에 "시와 찬미와 신령한 노래들로 서로 화답하며 너희의 마음으로 주께 노래하며 찬송하며"란 구절이 나옵니다. 하나님께 올려드리는 찬양을 통해 한 분이신 주님을 즐거워하며 살아가게 됨을 우리에게 말씀으로 가르쳐 주고 있습니다.

제 삶에서도 찬양은 믿음의 활력소요 생기입니다. 은혜로운 찬송가 소리에 새 힘을 얻고 신앙을 추스르며 주님 앞에 더 열심히 살아갈 것을 다짐하게 됩니다. 곡조있는 찬양, 바른 찬송가 부르기를 통해 믿음을 살찌우는 저와 여러분이 되었으면 합니다. 감사합니다.

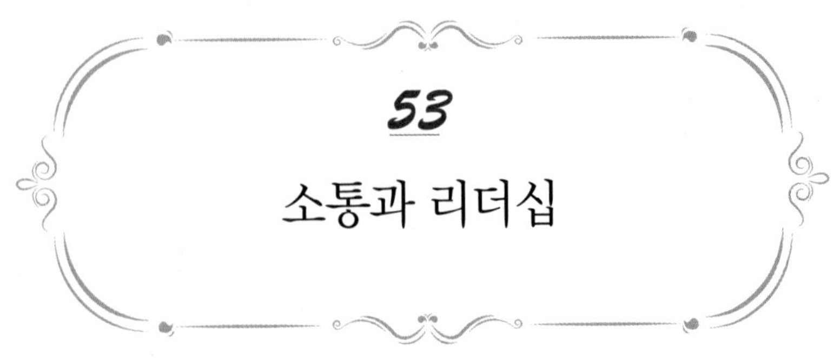

리더십에 있어서 가장 중요한 것은 소통입니다. 리더십은 남을
통해 자신의 목적을 이루는 것이기도 합니다. 결국 남에게 베풀
지 않고는 리더십이 발휘될 수 없는 것입니다.

오늘은 사회생활은 물론 신앙생활에서 매우 중요한 소통과 리더십
에 대한 이야기를 나눠볼까 합니다.

저는 언젠가 한 젊은 회사원과 대화하며 상담을 해준 적이 있습니
다. 대기업 마케팅 담당자였던 그는 다니던 회사를 그만두고 새 직장
을 찾고 싶어 했는데 그 이유가 단순했습니다. 업무차 자주 만나는 회
사 생산담당 직원들이 자신을 따돌린다는 것이었습니다.

기독교인이었던 그는 술을 입에 대지도 않기 때문에 술을 좋아하는
공장직원들과는 이야기가 통하지 않았다고 합니다. 업무협조가 제대로

이뤄지지 않으니 일하기가 힘들 수밖에 없었던 것입니다. 자신은 신앙대로 정직하게 살고 있는데 왜 그들이 자신을 적대시하고 비협조적으로 나오는지 이해할 수 없다고 하소연 했습니다

나는 그 청년에게 직장을 그만 두는 것은 옳지 않다고 단호하게 조언하고 대신 몇 가지 대안을 제시했습니다. 먼저 공장을 방문할 때에는 간단한 간식을 사가지고 가서 공장 직원들과 먹으면서 이야기를 해 보라고 했습니다. 술을 잘 마시는 직원들에게는 자신은 마시지 않더라도 삼겹살을 사주며 이야기해 볼 것을 권했습니다. 그러자 후일 소통의 통로가 만들어졌다며 고맙다는 인사를 전해 들었습니다.

리더십에 있어서 가장 중요한 것은 소통입니다. 리더십은 남을 통해 자신의 목적을 이루는 것이기도 합니다. 결국 남에게 베풀지 않고는 리더십이 발휘될 수 없는 것입니다.

그렇기에 소통의 리더십이 필요한 것입니다. 여기서 소통의 리더십이란 서로 의견이 대립되고 격한 감정과 이해관계가 맞물렸을 때, 문제를 합리적으로 해결하려고 감정을 조절하면서 해결방법을 모색하는 것을 말합니다.

소통의 리더십은 비전을 제시하고 그것을 공유할 수 있을 때 발휘됩니다. 소통은 남을 무조건 추종하는 것이 아니기 때문에 자신이 속한 조직의 문제를 해결할 수 있는 대안을 만들고 그것을 실천할 수 있도

록 기회를 제공해야 합니다.

　만약 지도자가 이 소통의 리더십이 부족하다면 그는 자신의 비전을 공유하지 못하기에 고집과 독선이 될 것입니다. 반대로 소통의 리더십이 제대로 발휘된다면 그의 비전은 신념와 희망이 될 것입니다.

　이런 소통은 기독교 전도와 교제에서도 대단히 중요합니다. 신앙심을 바탕으로 열매를 맺고 그 열매를 통해 전도가 가능해 지기 때문입니다.

　그러므로 우리의 바른 행동과 바른 생각이 기독교 문화를 세상에 전파하고 세상을 하나님의 편으로 만드는 지름길이 되는 것이라 여겨집니다. 우리 모두 서로간의 벽을 허무는 소통에 더욱 힘쓰고 리더십을 세우는데 노력해야 할 것입니다.감사합니다.

물질을 자랑의 수단이나 명예로 삼지 말아야 합니다. 명예는 결국 사람이 인정하고 주는 것입니다. 사람이 주는 것이면 세상의 짧은 만족일 뿐 종국적으로 무의미합니다.

오늘은 많은 사람들이 목숨처럼 소중하게 여기는 물질에 대해 이야기를 나누고자 합니다.저는 기업체를 운영하고 대표이사이다 보니 많은 사람들을 만나게 됩니다. 그런데 사람들은 제가 보유하고 있는 회사주식이나 전체 소유재산을 대략 추산해 보며 이것을 무척이나 부러워 합니다.

사실 제 재산을 따져보니 평범한 사람들에겐 생각할 수 없을 정도의 큰 액수였습니다. 액수로 보면 누가 보아도 큰 부자라고 할 수 있습니다. 그러나 제가 하루 하루 사는 삶 속에서 부자라고 느끼는 실감은 별로 없습니다.

돈이 있어도 개인적으로 크게 쓸 일이 별로 없습니다. 아침식사로 소화가 잘되는 누룽지 한 그릇을 먹습니다. 점심은 회사 구내식당에서 먹을 때가 많습니다. 점심이나 저녁 약속이 있으면 고급식당을 찾아 음식을 먹을 때도 있지만 혈당이 높은 편이라 아무리 맛있는 음식도 스스로 억제해야 하는 경우도 많습니다. 보리밥과 나물, 김치찌게 정도면 제겐 가장 맛있는 진수성찬입니다.

물질은 필요한 만큼만 가지는 것이 제일 행복하다는 성경 말씀이 있습니다. 너무 궁색하면 비굴해지고 너무 많으면 근심과 걱정이 따른다는 것이 동서고금 명언들을 통해 발견하게 됩니다. 저도 이 말에 아주 공감합니다. 정말 물질은 하나님이 허락한 만큼 욕심 없이, 신앙생활에 부족함 없는 정도의 물질을 가지는 것이 행복하다는 생각을 해보게 됩니다.

성경에 보면 부자가 천국에 들어가는 것은 낙타가 바늘구멍에 들어가는 것과 같다는 성경 구절은 많은 부자들에게 큰 경종의 말씀이기도 합니다.

그래서 물질의 부자가 되기 보다 하나님 안에서 영적으로 부자가 되길 원하고 자신이 가진 물질은 주를 위해 기꺼이 쓸 수 있다는 마음가짐을 가진다면 이는 진정 하나님이 기뻐하실 신앙인이라는 생각을 해 봅니다.

그러므로 물질을 자랑의 수단이나 명예로 삼지 말아야 합니다. 명예는 결국 사람이 인정하고 주는 것입니다. 사람이 주는 것이면 세상의 짧은 만족일 뿐 종국적으로 무의미합니다.

좋은 옷에 좋은 차, 좋은 집을 가지고 자랑하는 것보다 하나님의 생명책에 기록되는 선행을 갖고 하나님 앞으로 한걸음 더 나가는 것이 진정한 명예라고 생각합니다. 우리가 하나님을 높이면 하나님은 우리를 높이시고 하늘의 명예를 주신다는 확신이 있습니다.

세상 광야에서의 시련을 이기고 정금같이 되어, 최후의 심판대에서 하나님의 의롭다 하심을 칭찬받는 것이 신앙인에겐 최고의 명예가 아닐까 생각해 봅니다. 우리 모두 천국시민권을 얻기 위해 힘차게 달려가길 원합니다. 감사합니다.

기독교 복음의 진리에 예술적 상상력을 넣어 하나님의 뜻을 전달하고 하나님을 기쁘게 하는 일을 해보면 좋을 것이라 여기고 추진 중입니다.

오늘은 우리 주변에 아무리 허술하고 낙후된 곳이라도 생명력을 불어 넣으면 놀라운 변화와 발전이 있다는 이야기를 하려고 합니다.

오래 전 연휴 때 일본 나오시마 섬에 있는 한 미술관을 방문했던 적이 있습니다. 나오시마 섬은 제련소 때문에 공해문제가 있던 어촌이었습니다. 그러다 오일쇼크 이후 제련소 경기가 침체되었고 살기가 어려워진 주민들이 하나 둘 섬을 떠났습니다. 어느덧 이곳 나오시마는 쓰레기 매립지가 되어 폐허의 섬이 되고 말았습니다.

이때 한 기업이 청소년 수련장과 직원 연수원으로 쓸 목적으로 섬의

25% 가량을 매입했습니다. 그러다가 '이 섬을 문화 관광지로 만들자'
는 자문위원의 의견을 들었습니다. 그래서 저명한 건축가인 안도 다다
오씨에게 섬 전체의 설계를 의뢰했습니다.

안도 다다오씨는 지중미술관과 베네세 그룹의 미술관 겸 호텔을 디자
인했고, 그룹은 펀드를 만들어 자금을 마련했습니다. 안도 다다오는 세
계적인 미술가들과 연대해 폐가 몇 채로 설치작품을 만들었습니다. 빨
간 호박 한 개와 노란 호박 한 개를 해안가에 세웠는데, 이것이 전부였
습니다. 그리고 국제 미술제라는 이름으로 축제를 기획했습니다.

이 축제는 크게 성공했고 이를 계기로 섬을 떠났던 주민들이 하나 둘
되돌아오기 시작했습니다. 스스로 집을 개조하여 카페를 만들고 식당
을 만들어 집을 단장했습니다. 지금은 인구 4,000명이 살고 있지만 해
마다 60만 명에 이르는 관광객이 이 섬을 찾아 온다고 합니다.

그 여파로 섬 주변의 군소 마을에서도 호텔, 식당 등이 호황을 누리
게 됐고 나오시마 섬은 죽었던 마을에서 살아 있는 마을로 탈바꿈되었
습니다.

이처럼 한 사람의 예술가와 하나의 기업이 성공적인 희망의 스토리를
만들어낸 것입니다. 이처럼 예술이 갖는 힘은 정말 크다고 할 것입니다.
한국에도 폐허나 탄광 지대, 섬 등에 이런 예술작품을 설치하고 설계해
세계인을 불러 모으는 행사를 해보면 어떨까 하는 생각이 들었습니다.

점점 테마가 있는 삶이 중요해지고 있습니다. 인간이 만든 미술품을 보면서도 열광하는 사람들이 많은데 살아계신 하나님의 진리를 삶의 테마로 깊이 있게 제공한다면 얼마나 값진 있는 일이 될지 모르겠습니다.

이런 맥락에서 제가 이사장으로 있는 유나이티드문화재단에서 경기도 광주 2만여평에 우리나라 초기 선교사들의 놀라운 업적과 사역을 소개하는 기독교역사박물관을 개관해 성도들이 볼 수 있도록 개방하고 있습니다. 아울러 이와 관련된 교육프로그램도 준비 중에 있습니다.

우리나라를 개화시킨 기독교 선교사들의 삶을 소재로 많은 프로그램을 제작해도 신자나 비신자 모두에게 감동을 줄 수 있겠다는 생각을 해 보았습니다. 기독교 복음의 진리에 예술적 상상력을 넣어 하나님의 뜻을 전달하고 하나님을 기쁘게 하는 일을 해보면 좋을 것이라 여기고 추진 중입니다.

하나님은 우리에게 아름다움을 발견하고 느끼고 생산하는 능력을 주셨습니다. 그리고 우리는 이것을 통해 세상을 아름답게 만들뿐만 아니라 하나님의 사랑과 능력을 전하는 도구로도 사용해야 한다고 생각합니다. 폐허의 섬에서 생동감 넘치는 섬으로 탈바꿈한 나오시마 섬을 통해 많은 것을 배울 수 있습니다. 감사합니다.

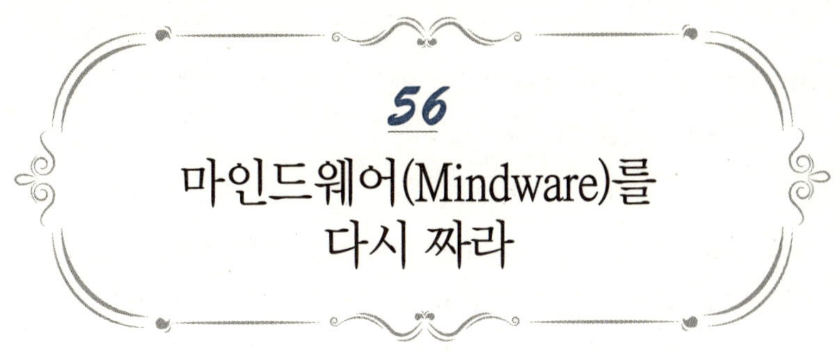

56
마인드웨어(Mindware)를
다시 짜라

외양간을 고치긴 하지만, 소가 넘어서 도망간 곳만 고치면 안됩니다. 다시는 그런 일이 일어나지 않도록 완벽한 대비책을 세우는 것이 필요합니다.

우리 개개인의 신앙은 끊임없는 기도와 말씀묵상을 통해 영적인 깨달음을 얻습니다. 우리의 믿음은 변화를 통해 성장해 나가게 됩니다.

이런 점에서 저는 회사도 하나의 생명체라고 생각합니다. 끊임없이 현재에 만족치 않고 변화를 모색해야만 하기 때문입니다. 방법도 변해야 하고, 초점도 변해야 하고, 가치도 변해야 합니다. 그러한 변화들의 총합이 바로 변혁이라고 할 수 있습니다.

우리 속담에 "소 잃고 외양간 고친다."는 말이 있습니다. 우리나라 현 상황이 꼭 그런 형국입니다. 우리는 언제나 사고가 터진 다음에 대비책을 강구한다고 야단법석입니다. 지금 온 나라가 국정농단이란 문제로 세계적인 망신거리가 되고 있는 것은 모든 것을 얼렁뚱땅 그 순간만 모면하려다 만들어진 상황입니다.

외양간을 고치긴 하지만, 소가 넘어서 도망간 곳만 고치면 안됩니다. 다시는 그런 일이 일어나지 않도록 완벽한 대비책을 세우는 것이 필요합니다. 이것은 기업을 운영하는 사람이라면 반드시 숙지해야 할 사항입니다. 기업은 도미노와 같아서 하나가 잘못되어 넘어지면 모든 것이 와르르 한순간에 무너지기 때문입니다.

유비무환까지는 바라지 않더라도, 한 번 터진 사고가 재발하지 않도록 할 수는 있습니다. 저는 직원이 처음 실수를 저질렀을 때는 크게 나무라지 않다가 반복될 때는 가차 없이 책임을 묻습니다. 이는 직원들이 매사에 적극적으로 대처하도록 하기 위한 것입니다. 그래야만 발전할 수 있습니다. 매번 발생하는 문제만 처리하느라 급급하다보면 그 자리에서 계속 맴돌 뿐, 더 이상 발전이 없습니다.

이것은 미리 일어날 가능성이 있는 위험한 상황을 몇 가지 설정해놓고, 그에 대한 대비책을 미리 강구하자는 것입니다. 이는 소가 넘어갈 모든 경로를 미리 점검하는 것은 물론, 소가 담장을 넘을 경우와 도둑이 들어 소를 끌어낼 경우 등 모든 경우의 수를 총동원해 그에 대한 대책을 구상해야 한다는 말입니다.

이처럼 과거를 뛰어넘는 미래적인 시스템에 에너지를 쏟아 만들어내는 정신적 소프트웨어를 우리는 '마인드 웨어'라고 합니다. 이 마인드웨어는 한 개인이 하룻밤에 뚝딱 짤 수 있는 것이 아닙니다. 국가적 역량을 총동원해서 해야 할 일입니다. 힘이 부족하다면 남의 지혜라도 빌려와야 합니다.

이렇게 할 때 우리나라 여기저기서 터지고 있는 숱한 사건과 문제들을 줄이고, 기업도 튼튼한 발판 위에서 도약할 수 있을 것입니다. 신앙과 삶이 모두 성공할 수 있는 좋은나라 대한민국이 되길 원합니다. 감사합니다.

57

두려움을 극복하라

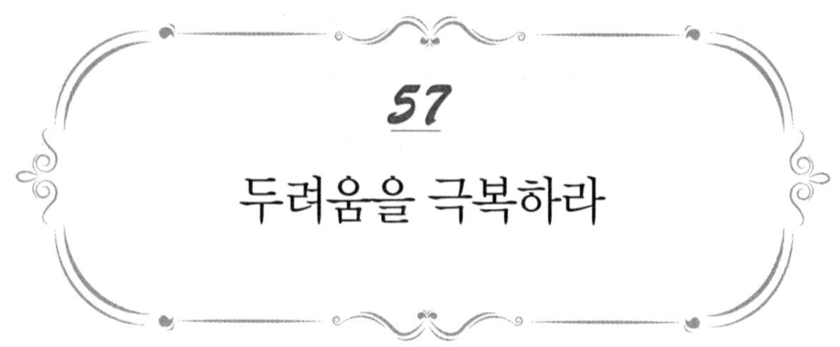

우리는 세상을 살면서 많은 두려움에 직면합니다. 오늘은 우리 신앙인이라면 이 두려움을 물리치고 삶과 신앙에서 승리해야 한다는 이야기를 하려고 합니다.

인도의 설화 중에 이런 이야기가 있습니다. 어떤 마술사가 고양이 앞에서 벌벌 떨며 두려워하는 쥐를 고양이로 변하게 해 주었더니 이제는 고양이를 괴롭히는 개를 두려워 했고 다시 개로 변하게 했더니 이번에는 호랑이를 두려워 했다는 것입니다. 마술사는 화가 나서 "아무리 도와주어도 두려움을 떨쳐버리지 못하니 다시 쥐로 돌아가라."고 했다고 합니다.

제가 운영하는 회사는 하루에도 수없이 많은 일들과 문제가 생기고 있습니다. 크고 작은 문제를 보면 두려워 하지 않을 수 없는데 만약 내게 신앙이 없었다면 단 하루도 견딜 수 없었을 것이란 생각이 듭니다. 두려움과 문제는 항상 존재하지만 하나님께서 도와주고 계신다고 생각하기에 안심할 수 있는 것 뿐 입니다.

성경 디모데후서 1장 7절에 "하나님이 우리에게 주신 것은 두려워하는 마음이 아니요 오직 능력과 사랑과 근신하는 마음이니"라고 했습니다. 하나님께서는 우리에게 두려워하는 마음을 주시지 않으셨습니다. 두려움은 활기를 잃게 하고, 무능력하게 하여 삶을 망가뜨리고 할 일을 못하게 합니다. 합리적으로 생각할 수도 없게 만듭니다.

이 두려움을 극복하기 위해 우리가 쉽게 할 수 있는 가장 효과적인 일은 두려움의 원인을 제거하는 것이 아니라 작은 성공으로 자신감을 찾는 일입니다. 두려움의 작동을 가장 효과적으로 방해할 수 있는 것이 바로 자신감입니다. 내 안에 자신감을 심는데 필요한 '성공'은 크고 거창한 것이 아니라 내가 노력해서 얻은 작은 열매만으로도 자신감은 충분히 채워질 수 있습니다.

또 두려움을 극복하기 위해서는 게으름에서 빠져나와야 합니다. 게으름은 두려움에 빠졌다는 가장 명확한 증거입니다. 아무리 원대하고 구체화된 꿈이 있다 하더라고 게으름에 빠져서 실천에 옮기지 않는다면 그 꿈은 무용지물입니다. 꿈을 실현하기 위해 반드시 해야 할 일상

의 작은 일들을 게을리 하지 않고 실천에 옮긴다면 두려움을 극복할
수 있을 것입니다.

실수 없이 모든 일을 완벽하게 잘하려고 하는 일종의 강박관념은 오
히려 두려움을 불러오기도 합니다. 성경 로마서에 "모든 사람이 죄를
범하였으매 하나님의 영광에 이르지 못하더니"라고 했기에 우리 인간은
누구도 죄 앞에서 완벽할 수 없습니다.

그럼에도 불구하고 완벽함을 쫓다보면 두려움에 사로잡히게 되는
것입니다. 주님이 늘 나와 함께 하시며 나의 문제를 해결하고 도와주신
다는 신앙의 확신이 있을 때 두려움은 더 이상 우리를 괴롭힐 수 없을
것입니다. 두려움은 신앙인이라면 반드시 물리쳐야 할 적이 아닐 수 없
습니다. 감사합니다.

58

급변하는 세상과 교회의 사명

"교회는 바른 신학으로 교인의 아픔을 보듬고 치유해 주는 어머니 같은 교회가 되어야 한다"는 칼빈의 교회관이 그 어느 때보다 절실하게 다가오는 요즈음입니다.

세상이 어수선합니다. 북핵으로 인해 안보 위기감이 높아지고 사드 문제로 중국과 관계가 소원해지면서 그 여파가 곳곳에 미치고 있습니다. 중국관광객이 급감해 호텔과 면세점, 관광산업 전체에 큰 타격을 주고 있다고 합니다.

점점 수출경쟁력이 떨어지면서 중소기업의 수출이 막히고, 일감이 없는 공장은 쉬고 있다고 합니다. 여기에 고용이 줄어들자 회사 주변의 식당과 가게들마저 손님이 줄고 있다는 이야기가 들립니다. 그 여파는 취업을 해야 할 젊은이들의 실업 문제를 더욱 더 심각하게 만들고 있습니다.

교회도 성도들의 수입이 줄어서인지 헌금이 많이 줄고 있다고 합니다. 헌금에 부담을 느낀 교인들이 교회를 떠나는 경우도 발생하고 있고 인터넷으로 예배를 드리는 교인도 늘고 있다는 이야기도 들립니다.

제가 최근 만난 한 젊은 집사님은 건강이 극도로 나빠져 하던 사업을 아예 정리했다고 합니다. 그런데 출석교회 대신 아예 집 옆의 개척교회에 예배를 드리러 나간다고 말했습니다.

경제 문제, 건강 문제로 하나님께 매달리고 위로와 치유를 받길 원하는데 교회는 계속 봉사와 헌신만 설교에서 강조하니 이를 실천하기 힘든 자신이 견딜 수 없어 옮겼다는 것입니다.

교회는 교인들의 어려움을 보듬어주고 위로해 주어야 하는데 헌신만 강요하는 것이 너무나 힘들었다며, 교인의 어려움을 목사님이 잘 이해하지 못하는 것 같다고 아쉬움을 나타내었습니다. 모두가 힘든 때입니다. 지금은 교회가 상처 입은 교인들을 감싸주고, 하나님 안에서 위로와 치유를 해 주어야 할 때라고 생각합니다. 힘든 교인들이 신앙의 힘으로 극복할 수 있도록 함께 기도해 주며 힘을 북돋아 주어야 한다고 생각합니다.

목회자의 교인 사랑이 어느 때보다 요구됩니다. 또 교회는 대통령정치 지도자들을 위하여 한마음으로 기도해야 할 것입니다. 역사를 주관하시는 하나님께 전적으로 의지하고 우리의 안보와 경제를 지켜주실 것을 기도해야 합니다. 기도만이 우리가 살 길입니다.

"교회는 바른 신학으로 교인의 아픔을 보듬고 치유해 주는 어머니 같은 교회가 되어야 한다"는 칼빈의 교회관이 그 어느 때보다 절실하게 다가오는 요즈음입니다. 교회가 성도 면면을 살펴 고통 가운데 힘들어 하며 울고 있지 않은지 살펴 사랑의 손길로 감싸안아 주길 바라고 기대합니다. 감사합니다.

59

술보다 케이크를 사라

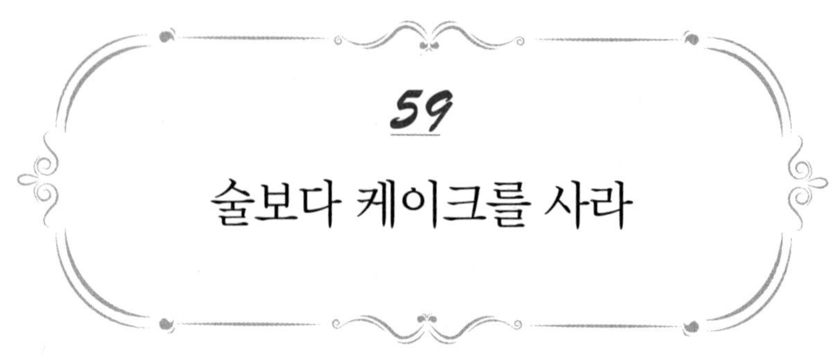

우리는 주변에서 가장의 실수로, CEO의 부도덕함으로, 지도자의 욕심으로 가정과 회사와 나라가 무너지는 것을 너무나 자주 보아 왔습니다.

오늘은 자신이 소속되는 곳마다 나름대로 형성되는 문화의 중요성에 대해 이야기 하려고 합니다. 저는 오래전부터 기독교인으로써 기독교 정체성에 맞는 기업문화를 바르게 세워보려고 노력해 왔습니다. 이 중에서 가장 힘들었던 것이 바로 음주문화를 바꾸는 것이었습니다.

지금은 아예 사라졌지만 예전엔 영업사원들이 접대를 위해 술자리를 갖는 것이 일반적이었습니다. 그러나 저희 회사는 제가 신앙인이기도 했지만 술접대 문화를 그대로 인정하기 힘들었습니다. 그래서 직원들에게 술 접대는 하지 말고 차라리 가족들이 함께 먹을 수 있는 케이크를 사서 선물하라고 했습니다.

그러자 영업사원들의 반발이 매우 컸습니다. 다른 회사들도 다 하는데 우리만 안하면 경쟁에서 밀려나 판매실적이 부진할 것이라고 우려했습니다. 그러나 저는 양보하지 않았습니다. 술은 잠시 즐거움을 줄지 몰라도 건강을 망치고 실수를 하게 하니 내가 사장으로 기업을 책임지는 한 안된다고 단호하게 말했습니다.

그런데 놀라운 것은 영업사원들의 우려와 달리 술접대를 하지 않고도 우리 회사는 계속 성장해 올 수 있었습니다. 그리고 이 전통은 우리 회사의 기업문화로 자리잡아 지금까지 계속되고 있습니다.

우리는 가정의 울타리, 직장의 울타리, 사회의 울타리, 국가의 울타리 등등 가는 곳마다 울타리의 한 구성원으로 살아가고 있습니다. 그리고 그 울타리는 나름대로 고유의 문화가 있습니다. 그 문화가 바르고 건전하며 진취적일 때 그 가정과 직장, 사회와 국가는 발전하고 성장합니다.

행복했던 가정, 잘 되던 회사, 잘 살던 나라가 순식간에 불행하고 파산하고 망하는 것은 잘못된 문화 때문입니다. 우리는 주변에서 가장의 실수로, CEO의 부도덕함으로, 지도자의 욕심으로 가정과 회사와 나라가 무너지는 것을 너무나 자주 보아 왔습니다.

역사를 되짚어 보면 세계를 호령하던 나라들이 그 명망권세를 유지하지 못하고 지금은 아주 못사는 나라로 전락한 경우가 많습니다. 그렇게 세계를 지배하고 떵떵거렸지만 잘못된 문화가 국민을 순식간에 타락시켜 망하게 만들었던 것입니다.

우리는 성경을 통해서도 수많은 교훈을 얻을 수 있습니다. 성경의 갖가지 사건들은 잘못된 믿음과 잘못된 선택의 결과가 얼마나 무서운지 너무나 잘 알게 합니다.

저는 회사를 운영하며 최대한 깨끗하고 건전하고 투명한 문화를 가진 회사를 만들려고 지금까지 노력해 왔습니다. 앞으로도 계속 노력할 것입니다. 바르고 정직한 문화를 형성한 회사가 오랫동안 번성할 수 있기 때문이라 믿기 때문입니다.

가정과 직장, 사회에서 밝고 바른 문화를 앞장서 만들어 나가는 저와 여러분이 되길 희망합니다. 감사합니다.

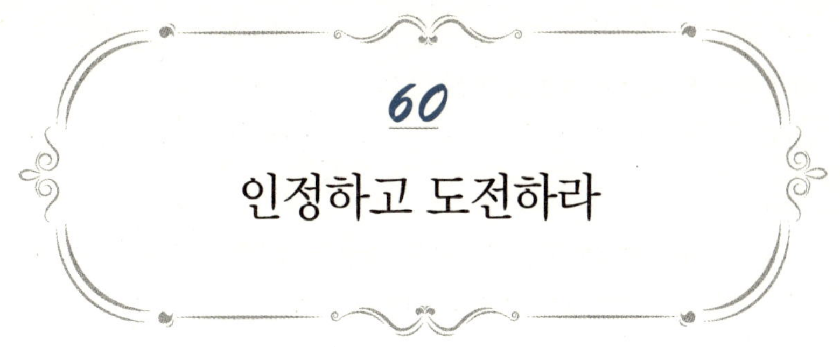

인정하고 도전하라

인간은 나약하고 불완전한 존재이기에 인간을 창조하신 하나
님을 의지하고 신뢰하며 기도할 때 무한한 능력이 솟아납니다.

오늘은 우리가 인생을 살면서 나 혼자 잘 사는 것이 중요한 것이 아니고 다 함께 잘 살도록 협력하고 도움을 주어야 한다는 이야기를 하려고 합니다.

우리가 잘 아는 성경말씀 중에서 "어찌하여 형제의 눈 속에 있는 티는 보고 네 눈 속에 있는 들보는 보지 못하느냐"는 내용이 마태복음에 나옵니다. 이 내용은 결국 인간의 속성이 남의 약점을 지적하는 데는 적극적인 반면 자신의 약점은 감추기에 여념이 없다는 것을 꼬집은 말입니다.

　이처럼 우리가 서로의 약점을 들추고 비난하다보면 개인의 약점들은 서로 충돌을 일으켜 가족의 약점이 되고 조직의 약점으로 확대되곤 합니다.

　그런데 이와 반대로 우리가 개인의 약점을 스스로 인정하고 그것을 서로 조화롭게 보완해갈 때 오히려 더 큰 능력을 발휘하게 됩니다. 마치 퍼즐 맞추기를 하듯 약점과 강점이 조합을 이뤄 조직의 능력을 최대한으로 끌어올리는 시너지 효과를 창출해낸다는 뜻입니다.

　인간은 나약하고 불완전한 존재이기에 인간을 창조하신 하나님을 의지하고 신뢰하며 기도할 때 무한한 능력이 솟아납니다. 그 불완전성을 인정하고 고백한다면 약점이 장점으로 바뀌게 되는 것입니다.

　저는 직원을 채용할 때 자신의 장점만을 지나치게 강조해서 이야기하는 사람에게 면접점수를 높게 주지 않습니다. 이렇게 '잘난 한 사람'으로 인해 팀워크가 깨진다면 조직의 입장에서는 손해가 더 크기 때문입니다. 잘난 한 사람이 이뤄낼 수 있는 것은 극히 미비합니다.

　그렇다고 해서 윗사람 지시에 고분고분 잘 따르는 사람도 점수가 높지 않습니다. 그런 사람은 창의적인 발상을 내놓지 못하는 심부름꾼일 뿐입니다. 회사를 자신의 것으로 생각하는 주인이 되어야 창의력 넘치는 아이템들이 생산될 수 있는 것입니다.

자신의 약점을 당당하게 인정하고 도전적이며 배짱이 있는 사람을 기업은 필요로 합니다. 쓸데없는 오기가 아니라 용기와 도전정신, 힘든 상황에 처했을 때 버텨내는 힘이 진정한 배짱입니다. 개성과 주관이 뚜렷한 사람입니다.

성경에서는 성령의 9가지 열매를 통해 인간의 진정한 품성을 가르칩니다. 바로 사랑, 희락, 화평, 오래참음, 자비, 양선, 충성, 온유, 절제입니다.

열매들은 노력이나 의지를 넘어 성령으로 충만할 때 주어지는 선물입니다. 이 열매들이 자신의 삶 속에 온전히 실천될 때 우리는 모든 분야에서 선한 영향력, 영적 영향력을 끼치며 세상 속에서 승리하며 살아갈 수 있다고 믿습니다. 감사합니다.

"내 아들아 네 아비의 명령을 지키며 네 어미의 법을 떠나지 말고
그것을 항상 네 마음에 새기며 네 목에 매라 그것이 네가 다닐 때에
너를 인도하며 네가 잘 때에 너를 보호하며 네가 깰 때에 너와 더불어 말하리니
대저 명령은 등불이요 법은 빛이요 훈계의 책망은 곧 생명의 길이라"(잠6:20-23)

chapter 7

성경이 주는 힘

진정한 성공교과서 성경 | 세상을 이기는 믿음
성경이 주는 세상의 지혜 | 성경대로 믿고 실천하기
성경 바로알기 | 미국의 대각성운동과 한국교회의 오늘
나는 나를 믿어야 합니다 | 성경적 경영이란 무엇인가
배려와 배신 | 성경에서 배우는 진정한 교육

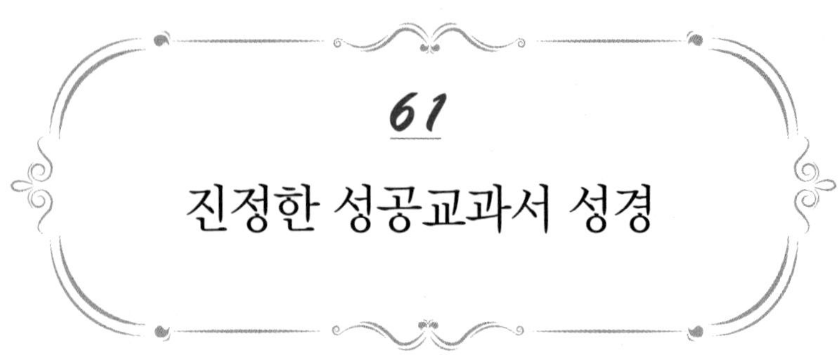

61

진정한 성공교과서 성경

제가 사업의 극심한 긴장 속에서 여유를 찾고, 또 고독감 속에서 위로를 받을 수 있었던 건 바로 성경 말씀이 있었기 때문입니다.

오늘은 우리 인생과 사업의 성공 지침서가 성경이라는 이야기를 하고 싶습니다.

저는 기업을 운영하는 CEO지만 시간이 날 때마다 성경읽는 재미에 푹 빠져 지내고 있습니다. 성경 속에서 제 사업 파트너인 유태인들과 이야기할 소재를 찾을 수도 있고, 또 이슬람교도들을 알 수 있는 정보를 얻기도 합니다. 성경을 이해하지 못하면 유럽인들을 비롯해 미국인, 유태인, 회교도들까지 그들의 생활방식이나 사고방식을 이해하기가 힘들다는 것이 저의 생각입니다.

저는 열심히 읽은 성경이 저의 사업과 영업에 큰 도움이 되었습니다. 이런 점에서 세계가 바로 성경과 통한다고 말 할 수 있습니다. 미국의 실업가 존 워너메이커는 이렇게 말했습니다.

"나는 일생 동안 투자를 많이 했는데, 그 중에도 가장 성공한 투자는 열두 살 때 단 2달러 50센트로 성경 한 권을 산 것입니다. 이것이 내 인생의 가장 위대한 투자였습니다. 왜냐면 그 성경이 오늘의 나를 만들었기 때문입니다"

참 의미심장하고 제 입장에서도 공감되는 말입니다. 존 워너메이커가 성공한 사람이 될 수 있었던 이유는 그가 가난한 소년이었을 때 하나님과 성경말씀을 사랑했던 것에 있습니다. 그는 성경을 사랑했으며 그것을 읽고 성경의 가르침대로 행동했습니다.

사실 사업 하는 사람들은, 늘 긴장감 속에 살아야 합니다.어느 날 아침에는 용기백배해서 사업을 구상하고 비전을 펼치다가도 그날 저녁에는 다시 좌절감으로 절망에 빠질 만큼 변화가 무쌍합니다. 그렇기 때문에 경영자라는 위치는 그 누구보다 외롭고 고독합니다.

저는 매주 화요일 세종시에 있는 공장에 내려갑니다. 어느 날 회사의 골치 아픈 문제로 고민하면서 도로 위를 달리고 있는데, 갑자기 한 빌딩 간판에 "기도할 수 있는데 무엇을 걱정하십니까!"라는 표어를 보았습니다. 그 내용이 어찌나 감동적으로 마음에 와 닿던지, 눈물을 흘릴

만큼 벅찬 감격을 느꼈습니다.

힘든 일 없고, 잘나갈 때는 아무런 감흥 없이 눈에도 들어오지 않던 표어가 내 처지가 어렵고 힘들게 되니까 나에게 큰 용기와 위로를 주는 말로 다가왔던 것입니다. 제가 사업의 극심한 긴장 속에서 여유를 찾고, 또 고독감 속에서 위로를 받을 수 있었던 건 바로 성경 말씀이 있었기 때문입니다.

창조주 하나님께 전부를 의탁하고 그 말씀에 의지해 삶과 신앙을 성공으로 이끄는 저와 여러분이 되었으면 합니다. 감사합니다.

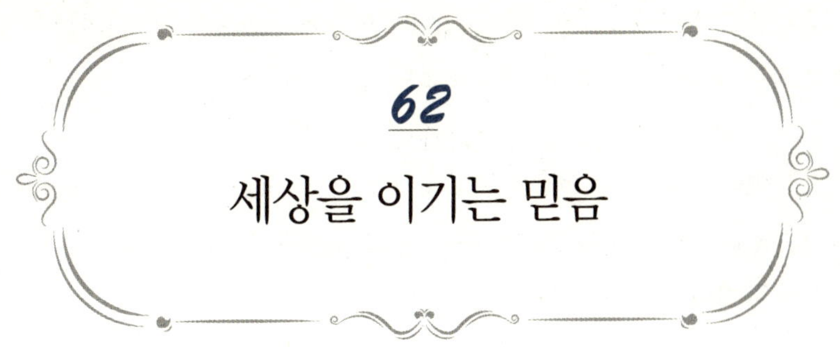

세상을 이기는 믿음

하나님이 동행해 주시면 우리는 세상에 나가 누구를 만나도 당당해질 수 있습니다. 나는 예수 믿는 사람으로서 비굴해질 필요가 없고 또 두려워서 아첨할 필요도 없습니다.

성경은 우리 기독교인에게 삶의 교과서이자 필독서입니다. 성경에 나오는 수 많은 은혜의 말씀은 우리 인간에게 무한한 힘과 용기, 자신감을 심어줍니다. 또 감사와 기쁨, 헌신과 나눔의 삶을 살게 합니다.

이중에서도 우리에게 빌립보서 4장13절 "내게 능력 주시는 자 안에서 내가 모든 것을 할 수 있다"는 메시지는 하나님이 창조하신 인간이 무한대의 능력을 계발할 수 있음을 보여주는 말씀입니다.

역사를 살피면 이 말씀에 의지해 자신의 한계를 뛰어 넘어 각 종 신기록을 세우고 승리를 이끌어 낸 사례를 무수히 발견합니다. 이처럼 하나님의 도우심은 불가능을 가능케 합니다. 역사를 주관하고 계신 분이 바로 하나님이시라는 생생한 증거라고 할 수 있습니다.

우리는 하나님께서 역사를 주관하시고 그 목적대로 한 인물을 택해 이루어 나가시는 것을 역시 역사를 통해 발견하곤 합니다. 택함 받은 사람은 하나님을 믿고 순종하면 역사를 크게 바꿀 수 있는 것입니다.

구약 성경 사사기에 나타난 기드온의 군대는 300명이었는데 수십만 적군을 섬멸하고 승리로 이끌었습니다. 이 구절은 성경을 이스라엘 무협지라고 폄하하는 사람들의 입에도 오르내릴 만합니다. 그러나 구약 시대의 역사적 기록들이 이 전쟁이 사실이었음을 증명합니다.

성경 구약을 보면 하나님이 함께 하시는 전쟁이라면 아무리 강하고 많은 군대를 상대했더라도 이겼습니다. 하나님이 함께 하시면 하나님이 주시는 능력 안에서 어떤 일도 할 수 있었습니다.

저도 기업의 규모가 커지다 보니 하루에도 중요한 결정을 내려야 할 문제도 많고 자칫 두렵고 고통스런 상황도 많이 직면합니다. 그러나 내게 하나님이 함께 하신다는 확실한 믿음과 신뢰가 있기에 그 어떤 것도 무서울 것 없고 안 될 일 없고 겁낼 일도 없다고 생각합니다.

인간에겐 하나님을 믿는 그 확신이 얼마큼 있느냐가 신앙의 정도를 판단할 수 있는 기준이 된다고 생각합니다. 저 역시 회사 경영에 어려움이 닥쳐와도 하나님이 함께 해 좋은 길로 인도해 주실 것이라 믿기에 매사에 매우 긍정적이고 감사하는 태도를 가지려 노력해 왔습니다.

하나님이 택하시고 그의 목적대로 쓰시기 위해 달란트를 주셨으니, 당연히 믿고 순종하면 아무리 험난한 경영 환경에서라도 도전해 볼 만하다는 자신감이 생기기 때문입니다.

하나님이 동행해 주시면 우리는 세상에 나가 누구를 만나도 당당해질 수 있습니다. 나는 예수 믿는 사람으로서 비굴해질 필요가 없고 또 두려워서 아첨할 필요도 없습니다.

믿음의 크리스천은 누구에게나 어디서나 당당하고 담대하며, 거짓 없이 세상과 맞서 이길 수 있어야 합니다. 그래서 자신이 나아가고자 하는 목표에 끈질기게 매달려 성취해야 합니다.

각자 품은 비전과 목표는 양보하지 말고 성취해야 합니다. 이것이 열매맺는 크리스천일 것입니다. 하나님이 함께 해 주신다는 큰 믿음 속에 원대한 꿈과 비전을 세우시길 권면합니다. 감사합니다.

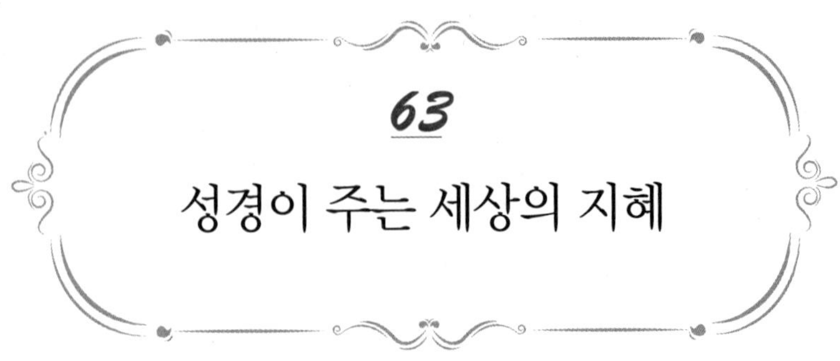

성경은 살아 계신 하나님의 말씀입니다. 성경에는 우리가 예수 그리스도를 통해 구원받고 더불어 이 세상을 현명하게 사는 지혜들을 자세히 우리에게 가르쳐 주고 있습니다.

오늘은 우리 크리스천들의 영적 지침서이자 생명의 말씀이 기록된 성경이 주는 삶의 지혜에 대해 나누고자 합니다.

성경 말씀 가운데 "여기 저기 다니면서 한담을 하는 사람은 남의 비밀을 쉽게 누설하니, 이처럼 입술을 벌린 자를 사귀지 말 것"을 경고한 내용이 있습니다.

또 그러한 악한 자들과는 음식도 같이 먹지 말고 그들이 좋아하는 음식도 탐하지 말라는 내용도 덧붙여집니다. 저는 이 말씀이 처음엔 이해가 잘 안되었다가 회사경영을 하면서 참으로 진리라는 것을 깨달았습니다.

우리는 보통 남에 대해 쉽게 비난과 비평을 하고 평가하는 것을 자주 보게 됩니다. 흔히 점심식사 후 직원들이 모여 "아무개 여직원이 어떻고 어떻다더라."고 신나게 떠들며 이야기합니다. 그런데 여기서 한 말이 새어 나가 직원들끼리 불화가 생기고 싸움으로 이어지는 경우를 본 적이 많습니다.

매사에 부정적이고 남에 대해 헐뜯는 걸 좋아하고 게으른 사람들은 자신만 그런 것이 아니라 열심히 일하려는 후배나 동료에게도 않좋은 영향을 줍니다. 그래서 성경은 나쁜 사람과 음식도 같이 먹지 말라고 경고한 이유를 깨닫게 됩니다.

또 성경은 "포도주는 거만하게 하는 것이요, 독주는 떠들게 하는 것이라 이에 미혹되지 말라"고 말씀하십니다. 과음으로 인한 실패를 경계하라는 말씀인 것입니다. 주변의 많은 사람들이 과도한 음주로 실수하고 망신 당하고 큰 어려움에 봉착하는 것을 많이 보게 됩니다.

성경은 살아 계신 하나님의 말씀입니다. 성경에는 우리가 예수 그리스도를 통해 구원받고 더불어 이 세상을 현명하게 사는 지혜들을 자세히 우리에게 가르쳐 주고 있습니다.

그래서 기독인으로서 세상에 나아가 어떻게 살고 어떻게 지혜로운 방법으로 성공하는지에 대해서도 제시해 줍니다. 그리하여 우리 성도들이 사회의 리더로서 빛과 소금의 역할을 다 하여 그 착한 행실로 인해 전도가 되도록 하라고 말씀합니다.

이처럼 성경은 세상의 지식과 하늘의 지식을 모두 전하는 지식의 보고입니다. 사람의 지혜가 아닌 우주를 창조하신 전능하신 하나님의 지혜입니다. 그러므로 성경을 즐겨 읽는 것은 세상을 살아가는, 그리고 세상을 이기는 방법을 배우는 길입니다.

그러므로 주 안에 또 성경 안에 길이 있습니다. 말씀과 기도를 게을리 하지 않으면서 꿈을 키워 간다면 어려운 세상을 이길 성공의 능력도 함께 받게 되는 것입니다. 성경을 통해 삶과 신앙을 승리로 이끄는 우리 모두가 되었으면 합니다. 감사합니다.

64

성경대로 믿고 실천하기

손양원 목사님은 자신의 두 아들을 공산당에 죽임을 당하고
오히려 아들을 죽인 자를 자신의 양아들로 삼았습니다. .

오늘은 하나님이 주시는 연단의 기억이 우리의 신앙에 크게 유익이
된다는 말씀을 드리고 싶습니다.

옛말에 '미련한 사람은 고집이 세다'는 말이 있습니다. 자신의 생각보
다 더 좋은 의견이 나와도 끝까지 자기 의견을 계속 고집하는 경우를
보고 하는 말입니다.

보통 생각의 전환은 깊은 지식이 바탕이 되어야 가능한 경우가 많습
니다. 지식이 적으면 사고의 유연성도 부족해 남의 것을 쉽게 받아들이
지 못하는 것입니다.

서로 수준이 비슷하면 사실 대화가 쉽습니다. 결론까지 이르기가 매우 빠릅니다. 생각의 방향과 목적이 같을 때 훨씬 일이 수월하게 이뤄지는 것입니다.

이런 점에서 개인이 가지고 있는 생각이 매우 중요합니다. 우리는 이것을 가치관이라 부르는데 과거의 자신의 기억과 지식에 근거합니다. 또 개인이 아닌 국가가 지닌 기억을 우리는 역사라고 합니다.

이스라엘에는 민족 고유의 기억이 있습니다. 애굽에서 종노릇하던 때 하나님이 홍해 바다를 건너서 구원해주신 은혜가 바로 그것입니다. 또한 광야에서 헤맬 때 구름 기둥과 불 기둥으로 인도해 주시고 만나와 메추라기를 공급해 주시며 먹을 물을 주시고 젖과 꿀이 흐르는 가나안 땅을 주신 은혜도 있습니다. 성경은 이것을 기억해 내어 하나님의 말씀에 순종하고 하나님만 섬길 것을 요구하고 있습니다.

개인적인 신앙도 마찬가지입니다. 하나님의 보호와 도우심을 받고 큰 어려움을 이겨낸 사람은 신앙을 지키기 쉽습니다. 이 연단을 이겨낸 승리의 신앙인을 꼽으라면 바로 손양원 목사님을 떠올리게 됩니다.

손양원 목사님은 자신의 두 아들을 공산당에 죽임을 당하고 오히려 아들을 죽인 자를 자신의 양아들로 삼았습니다. 한센병 환자들을 평생 돌봤고, 6.25 한국전쟁 중에 공산당으로부터 순교당한 기록이 생생하게 남아 있습니다. 그래서 일명 '사랑의 원자탄'이라 일컬어지기도

합니다.

손양원 목사님은 하나님의 가르침을 확실히 자신의 믿음으로 만들고 그것을 실천한 분이십니다. 성경대로 믿고 따른 우직한 신앙의 실천가로 미련해서 고집이 센 것이 아니라, 자신의 주인이신 예수님의 명령을 자신보다 더 귀중하게 여긴 것이 삶으로 흘러나온 것입니다.

이처럼 위대한 신앙의 실천을 보이신 손양원 목사님이야말로 세계적인 신앙의 모델이라 할 수 있기에 제가 이사장으로 있는 유나이티드문화재단이 여러 통로를 통해 손목사님의 신앙유산을 기리고자 관련 음악회도 열렸고 다방면에서 노력을 기울이곤 했습니다.

저는 손 목사님의 신앙을 세계적으로 널리 알리고 국민의 귀감으로 교육해야 한다는 생각을 갖습니다. 이 섬김과 사랑의 정신이 한국교회에 널리 퍼져 신앙의 본으로 삼게 되길 바라는 마음 간절합니다. 감사합니다.

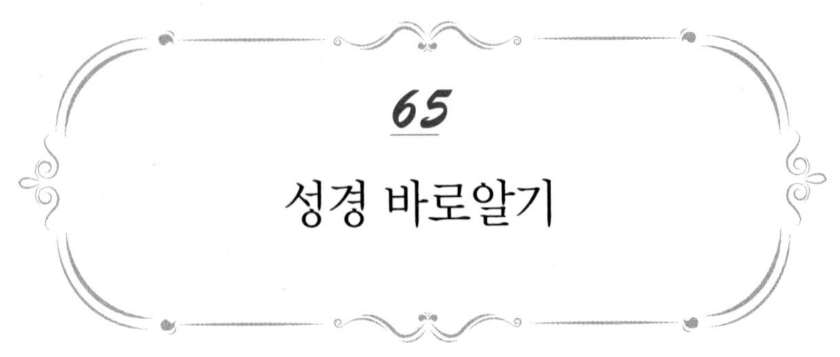

성경 바로알기

오늘은 우리 기독교인들조차 늘 읽고 대하는 성경속의 내용을 100% 확신하지 못하는 분들이 있는 것 같아 이 성경에 대한 이야기를 나누려고 합니다.

우리가 어렸을 때 하나님의 창조 이야기, 노아의 방주이야기, 사자굴의 다니엘 이야기, 다윗과 골리앗의 이야기 등 성경 속에 많은 이야기를 교회학교 교사로부터 아주 재미있게 들었습니다. 그런데 우리 주변에는 이 사건들이 과연 그랬는지, 성경 저자가 설화를 기록한 것이 아닌지 진실로 받아들이기 못하는 성도들이 의외로 많습니다.

크리스천들 조차도 성경의 무오성에 의심을 갖는 것입니다.'사람이 쓴 이야기일 것'이라고 여겨 저도 이 사실에 대해 나름대로 고민을 해본 적이 있습니다.

그래서 신학서적도 읽고 성경공부도 깊이 했는데 제 경우는 '결국 성경은 진실'이라는 나름대로의 확신을 가지게 되었습니다. '성경을 하나님의 말씀 자체로 믿을 것이냐, 아니면 사람의 창작물로 믿을 것이냐'는 결국 믿음의 문제입니다. 사도 바울은 성경을 다음과 같이 정의하고 있어 이 말씀을 꼭 소개하고 싶습니다.

"모든 성경은 하나님의 감동으로 된 것으로 교훈과 책망과 바르게 함과 의로 교육하기에 유익하니 이는 하나님의 사람으로 온전케 하며 모든 선한 일을 행하기에 온전케 하려 함이니라."

분명히 성경은 하나님께서 사람을 감동시켜 쓰게 하셨다고 말씀하고 있습니다. 그런데 어떤 목사님이 신약의 고린도전서, 로마서 등을 예로 들며 "이 성경들은 바울의 편지에 불과하고 이 편지를 하나님의 말씀으로 잘 바꿔 성도들에게 전하는 것이 목사의 설교"라고 말씀하시는 것을 듣고 깜짝 놀란 적이 있습니다.

성경이 바로 하나님의 말씀이고 목사는 하나님의 말씀을 전하는 사람이라고 생각하고 있던 저에게는 충격적인 말이었습니다. 목사님의 설교가 성경보다 더 위에 있다면 참으로 위험한 생각이 아닐 수 없습니다. 성경을 역사에 껴맞춰 이해하려고 하나 보면 섣부른 해석을 내리게 되는 것이라 생각됩니다.

"성경은 진정한 구원에 이르는 지혜가 있게 한다."는 성경말씀이 생각납니다. 저는 성경을 내용 그대로 진실로 받아들이고 이해하며, 배우려고 노력한다면 그 심오한 깊이에 점점 다가갈 수 있다고 생각합니다.

성경에서 이해가 안 되던 구절을 몇 개월씩 묵상하다가 깨달음이 올 때의 기쁨은 정말 뭐라고 말할 수 없을 정도입니다. 성경은 역사서나 설화가 결코 아닙니다. 성경은 성령이 가르쳐주시고 해석해주신다는 말씀의 뜻을 더욱 이해하게 됩니다.

크리스천들이 성경을 통해 인격이 변화되고 사업이나 일상생활의 기본 사고가 성경중심이 되었으면 좋겠다는 생각을 합니다. 성경이야말로 우리의 삶을 하나님 중심의 삶으로 옮겨 놓을 수 있는 지름길입니다. 감사합니다.

66
미국의 대각성운동과
한국교회의 오늘

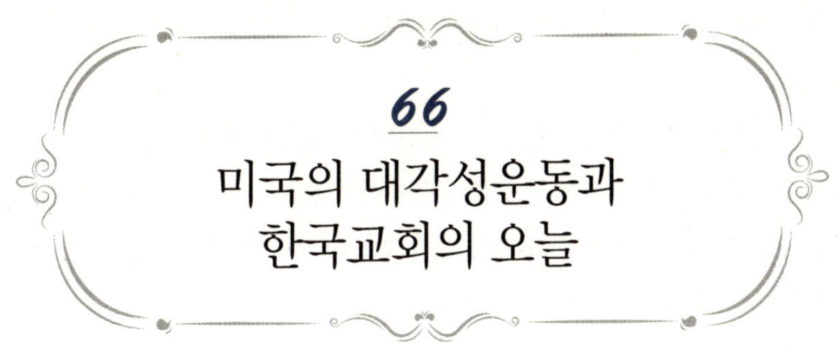

적절한 교육과 책임 있는 기독교 가정이야말로 그리스도인의 삶을 견고히 할 수 있는 가장 좋은 교육입니다. 이런 폭 넓은 교육 원리를 활용하여 성경교육을 강화했으며, 이는 곧 성인 교육의 선구자 역할을 했던 것을 볼 수 있습니다.

요즘 북핵문제와 강대국들의 틈새에서 한국이 매우 어렵고 위기상황에 있습니다.

이 때 18세기 초 미국에서 일어난 1차 대각성 운동이 생각납니다. 조나단 에드워즈 등에 의해 일어난 대대적인 이 기도운동은 하나님이 미국을 향해 특별한 계획을 갖고 계시다는 공통된 믿음으로, 사람들을 하나로 묶는 데 큰 역할을 했습니다.

이 무렵 미국은 개인의 영적 기강이 전반적으로 문란해져 있을 때였습니다. 그런데 이 상황과 한국을 연결시켜 살펴보면 지금의 우리 한국

교회 형편과 같은 것이 아닐까 생각됩니다.

교인은 많고 신앙생활은 모두 잘한다고 하지만 생활과 삶, 인격에서 그리스도의 향기와 영성이 살아 움직이지 않는 것이 같습니다. 이 때 일어난 기도운동은 다시 19세기 전반기에 일어난 제2차 대각성 운동을 일으키는 계기를 만들어 주었습니다.

이 운동은 교인들에게 그리스도를 위해 결단하도록 하는 데 집중함으로써 교회부흥을 일으키게 한 것이 가장 큰 특징입니다. 특히 어린 아이들에 대한 종교 교육에 중요성을 두었고, 양육의 본거지를 가정으로 했습니다.

적절한 교육과 책임 있는 기독교 가정이야말로 그리스도인의 삶을 견고히 할 수 있는 가장 좋은 교육입니다. 이런 폭 넓은 교육 원리를 활용하여 성경교육을 강화했으며, 이는 곧 성인 교육의 선구자 역할을 했던 것을 볼 수 있습니다.

이런 성경교육을 바탕으로 기독교는 질적으로 풍성하게 성장할 수 있었습니다. 이런 건실한 교육은 무디와 같은 기독교 지도자를 길러냈고 또 그 역시 기독교 교육의 최일선에서 교육에 힘썼습니다.

무디는 성경 학교 운동을 펼쳐 평신도들이 기본적인 신학 교육을 받을 수 있게 했는데 지금도 시카고에 가면 이 교회와 성경학교가 명소가 되어 크리스천이라면 한번씩 꼭 들리곤 합니다.

이처럼 18세기와 19세기에 일어난 영적 대각성 운동은 미국의 정치질서와 기독교인의 생활에 지대한 영향을 미치게 되었음을 알 수 있습니다.

오늘의 한국교회도 여러 어려운 환경에 직면하고 있습니다. 투명성 문제와 세속화 등이 거론되고 이 부분들이 드러나면서 교인들의 신뢰가 떨어지고 이로 인해 기독교인의 수가 점점 줄어들고 있습니다.

바로 이 때야 말로 미국의 1,2차 영적각성운동처럼 한국에도 영적 부흥 운동이 절실히 요구될 때입니다. 우리 모두 미국의 대각성 기도운동을 기억하고 우리의 삶과 신앙에 적용할 것이 없는지를 함께 살펴 보았으면 합니다. 감사합니다.

67

나는 나를 믿어야 합니다

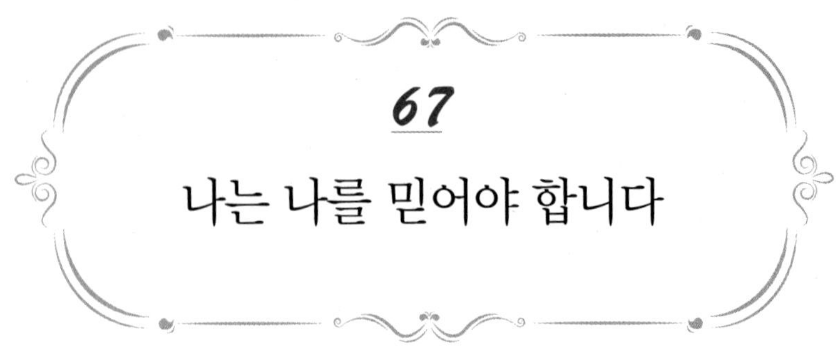

자기 자신을 사랑하는 사람은 부지런히 자기를 계발하는 사람
입니다. 자기계발은 이미 자신이 가지고 있는 장점을 인식하고,
그것을 계발하기 위해 돈과 열정, 시간과 믿음을 투자하는 것입
니다.

오늘은 기독교인으로서 하나님이 주시는 힘과 능력을 믿고 세상을
향해 힘차게 나아가야 한다는 이야기를 나누고 싶습니다.

역사의 수많은 영웅들 중에서 세상과 자신을 사랑하지 않은 사람
은 거의 없습니다. 어떤 일을 하든 자신에 대한 사랑을 잊어서는 안 됩
니다. 다른 사람이 나를 무시할 때도 있고, 스스로도 내 능력에 회의를
갖기도 하지만 나만은 나의 힘과 능력을 믿어야 합니다.

세상은 무한경쟁시대로 바쁘게 달려가고 있습니다. 나 스스로를 보
호하고 격려해줄 사람은 이 험한 세상에서 바로 나 자신뿐입니다. 내
삶을 책임지고 있는 것은 다른 사람이 아닌 나 자신인 것입니다.

그렇기에 나를 사랑하고 신뢰해야 합니다. 자기신뢰에는 무엇보다도 철저한 준비가 필요합니다. 예를 들어 시간과 노력을 투자해 수영하는 법을 터득했다면 훗날 물에 빠지더라도 반드시 헤엄쳐 나올 수 있다는 자신감을 갖게 되는 것입니다.

자기 자신을 사랑하는 사람은 부지런히 자기를 계발하는 사람입니다. 자기계발은 이미 자신이 가지고 있는 장점을 인식하고, 그것을 계발하기 위해 돈과 열정, 시간과 믿음을 투자하는 것입니다. 오직 자신이 가진 장점에 몰두해 스스로 계발하고 이를 위해 기도하는 것입니다.

한 통계에 의하면 미국의 백만장자 중에 80% 이상이 자신의 직업이 자신의 적성과 능력에 부합됐기 때문에 성공할 수 있었다고 답변했습니다. 이는 자기계발을 통해 자신의 장점을 찾아내는 것이 곧 성공을 위한 첫걸음이 될 수 있다는 이야기입니다. 실천이 뒤따르지 않으면 자기계발은 무용지물이나 다름이 없습니다.

위대한 바이올린 연주가가 있었습니다. 그는 음색이 뛰어난 좋은 바이올린을 갖고 있었습니다. 그는 장시간 여행을 떠나게 되어 목숨보다 더 귀하게 여기던 바이올린을 부모님 댁에 맡겼습니다. 떠나기 전 그는 가족들에게 바이올린을 절대 사용하지 말것을 당부했고 부모님은 이 바이올린을 덮개를 덮어 습기찬 곳에 고이 모셔놓았습니다. 그런데 연주자가 여행을 마치고 왔을 때 바이올린은 좀이 슬고 변형이 와서 그 맑은 음색을 잃어 버리고 말았습니다.

아무리 훌륭하고 귀한 것이라 할지라도 사용하지 않으면 아무런 소용이 없음을 보여주는 좋은 예라고 하겠습니다. 그러므로 우리는 하나님께서 나에게 맞는 가정 좋은 달란트, 즉 소질과 장점을 주셨다는 믿음을 갖고 자기계발을 통해 꾸준히 실천에 옮겨야 합니다.

또 이를 실천할 때 자신의 능력에 대한 믿음과 사랑이 필요합니다. 자신에 대한 신뢰가 합쳐질 때 자신감이 형성되고 주변 사람들도 나를 신뢰하고 성공을 기대하고 격려해 줄 것입니다. 자신감만 있다면 어떤 어려운 장애물도 능히 극복해나갈 수 있습니다.

이런 점에서 성경은 우리에게 큰 힘과 용기를 줍니다. "네 믿음대로 될지어다.", "너희가 못할 것이 없느니라.", "누가 나를 대적하리요.", "내가 모든 것을 할 수 있느니라."라는 성경구절을 한번 크게 외쳐 보시기 바랍니다. 하나님께서 우리를 도와 삶과 신앙에서 승리하게 해 주실 것이라 믿습니다. 감사합니다.

68

성경적 경영이란 무엇인가

많은 기업들이 우리 회사의 꾸준한 성장 비결을 궁금해하면 저는 여기에 대해 '기독교 정신'과 '성경적 마인드'가 비결임을 자신있게 대답해 주곤 합니다.

오늘은 성경적 경영에 대해 함께 생각해 보고자 합니다.

저는 오랜 기간 회사를 운영하며 크리스천으로서 최대한 '성경적 경영'을 하려고 노력하고 있습니다. 그런데 하나님이 회사의 주인이 되시는 성경적 경영은 어떤 방법이나 기술이 아닙니다.

결국 말씀(성경)을 읽고 이를 깨달아 자연스럽게 상황에 적용하는 능력을 갖게 되는 것이라 믿습니다. 저는 회사 초창기에 점차 사업이 자리를 잡으면서 주변의 소외된 노인이나 불우 이웃, 소년소녀가장 돕기 등에 적극 나서 왔습니다.

아울러 밝은 문화를 보급하고 환경보전행사 등을 지원하곤 했습니다. 또 성경에 '나그네를 잘 대접하라'는 말에 근거해 공장의 외국인 노동자들도 차별없이 잘 대해주고 있는데 매우 고마워 하는 것을 발견하곤 합니다.

저는 직원들에게 전도는 하지만 교회 나가라고 결코 강요하지는 않습니다. 또 신앙인이라고 특별히 뽑거나 대우하지도 않습니다. 신앙을 갖는 것은 먼저 깨달아 스스로 필요를 느껴야 하기 때문입니다.

그런데 시간이 지나면서 직원들이 교회에 하나 둘 출석하는 경우를 보곤 합니다. 그들은 "회사를 통해 하나님이 살아계시다는 것을 느낀다"고 말하곤 합니다. 저희 회사가 30년의 역사에 계속 성장하며 어려움들을 잘 극복할 수 있었던 것은 하나님의 은혜와 돌보심, 많은 주위 분들의 중보기도 덕택이었습니다. 또 나름대로 주님이 원하는 기업이 되려고 노력한 열매라고 생각합니다.

그래서 많은 기업들이 우리 회사의 꾸준한 성장 비결을 궁금해하면 저는 여기에 대해 '기독교 정신'과 '성경적 마인드'가 비결임을 자신있게 대답해 주곤 합니다.

어느 날 저는 하나님께서는 다국적기업을 하게 하신 뜻이 무엇일까 생각하다 약만 수출할 것이 아니라 우리 회사가 갖고 있는 기독교 정신과 문화도 수출해야 한다는 사명감이 생겼습니다. 그래서 이 과정에

서 해외로 더 열심히 뻗어나가려 노력했고 여러 나라에 공장이 건립되는
계기가 되었습니다.

이처럼 사업과 인생의 진로를 제가 성경에서 찾는 것은 성경의 모든
내용이 진실이라 확신하기 때문입니다. 성경은 우리 인생의 나침반입니
다. 성경에 인간 인생사의 모든 의문에 대한 정답이 담겨 있습니다.

저는 크리스천에게 진정 중요한 것이 무엇일까 가끔 생각해 봅니다.
세상사람처럼 돈도 명예도 학식도 아닐 것입니다. 인생을 주님이 원하
는 삶대로 진정 가치 있고 보람되게 살려면 주님이 명하신 목적을 이루
는 삶이 되어야 할 것입니다. 그 영적 가치에 의미를 부여하며 인생을
살아갈 때 우리는 그리스도 안에서 진정 성공한 삶을 누리는 것이라
믿습니다. 감사합니다.

69

배려와 배신

날씨도 봄 여름 가을 겨울이 있는 것처럼 우리의 인생도 살다 보면
여러 난관에 부딪힐 때가 많습니다. 그때마다 주변에는 나를 도와주는
배려의 사람과 오히려 괴롭히는 배신의 사람이 있습니다.

역사에서 세종대왕의 배려는 아주 유명합니다. 세종대왕이 국가적 행
사인 종묘대제를 지낼 때 당시 제관이었던 허조가 세종대왕에 넘겨주어
야 할 술잔을 계단에서 넘어지는 바람에 떨어뜨리고 말았습니다.

모두 깜짝 놀라 허조에게 큰 벌이 떨어질 것이라 생각했습니다. 그러
나 세종대왕은 허조를 야단치는 대신 "계단이 좁아서 그랬으니 계단을

넓히라”고 했습니다. 세종대왕의 큰 배려로 허조는 은혜를 입었고, 그 후 충성을 다해 우의정과 좌의정까지 지내며 국가에 큰 공을 세웠습니다.

성경에 배신에 대한 내용이 있습니다. 다윗 왕이 밧세바의 목욕 장면을 보고 음심을 품고 궁으로 불러들였습니다. 그 여인은 평소 충성스러운 장군이었던 우리아의 아내였고 다윗 왕은 자신의 실수를 덮기 위해 전장에 나가 있던 우리아를 불러와 밧세바와 동침을 유도했지만 “어찌 내가 편안하게 쉴 수 있느냐”며 집에도 들리지 않고 다시 전쟁터로 나갔습니다.

난처해진 다윗은 다시 우리아를 최전방에 내보내 결국 전사시켰습니다. 부인을 빼앗고 충성스런 부하도 살해한 셈이었습니다. 훗날 다윗의 아들 압살롬은 다윗을 배반하고 그 후궁들을 모두 겁탈했으며 다윗을 쫓아내는 역사가 되풀이 됩니다. 그리고 압살롬도 아버지를 배반한 죄의 대가로 전투에서 패하여 살해당하는 것을 알 수 있습니다. 이처럼 배반의 대가는 참으로 큽니다.

밧세바의 아들 솔로몬도 왕위에 오른 직후에는 하나님께 충성하다가, 나중에는 각종 우상숭배자가 되어 신전을 건축하고 하나님을 배반합니다. 그래서 아들의 대에 이르러 유다와 이스라엘로 나뉘고 두 나라 모두 멸망당해 노예로 전락하고 맙니다.

우리나라 근대 문화와 문명은 하나님이 보낸 선교사들의 헌신으로 이루어졌습니다. 선교사들은 의료, 교육, 기술 등 대한민국 건국의 기초를 놓았고 이승만 대통령이 최초의 건국 국회를 기도로 시작한 나라이기도 합니다.

이런 나라의 국회에서 무당굿을 한다고 해 제가 정당에 거세게 항의했고 결국 취소된 적이 있습니다. 하나님이 축복해 세운 나라인데 어쩌다 이런 상황까지 왔는지 참으로 가슴 아팠습니다.

십계명은 하나님을 배반하는 것을 크게 경계하고 있습니다. 십계명 중 제1계명은 "나 이외의 다른 신을 섬기지 말라이고 2계명 역시 "우상을 섬기지 말라"입니다. 점쟁이를 찾아가고 무당을 찾아가는 것은 엄청난 죄를 저지르는 것임을 알아야 합니다.

크리스천은 오로지 하나님을 위해 살고, 결코 하나님을 배신하는 우를 범치 말아야 할 것입니다. 감사합니다.

70

성경에서 배우는 진정한 교육

기독교에서 바라보는 교육의 목적은 하나님에게 영광을 돌리고 모든 생활영역에서 하나님을 가르침을 실천하고 이를 통해 세상 속에서 그리스도의 복음을 전하는 것입니다.

오늘은 하나님으로부터 오는 지혜와 교육이야기를 나누려고 합니다. 성경에는 지혜에 대한 이야기가 참 많이 등장합니다. 지혜로운 행동과 지혜로운 선택이 인생에서 얼마나 중요한지 알려주는 내용이 참 많습니다. 하나님이 지혜를 주시면 그것이 성공이며 진리의 삶을 살게 되는 것을 발견합니다.

성경에 기록된 숱한 지혜의 내용들을 유대인 랍비와 유대인 어머니들은 하나 하나 자식들에게 전수하여 가르쳤습니다. 그래선지 유대인들은 세계 어느 민족 보다 지혜롭고 우수한 두뇌를 갖게 되었습니다.

　노벨상을 받은 세계적인 석학과 경제인들 중 많은 숫자가 유대인입니다. 이들은 성경암송과 말씀읽기 만으로 우수한 자질을 갖게된 사실에 놀라지 않을 수 없습니다. 한국처럼 주입식 교육과 과외공부만으론 자녀를 우수하게 만들 수 없습니다.

　성경을 통할 때 비로소 세계를 바라보는 능력이 나오고 하나님의 인도하심이 있다는 것을 저 역시 수차례 이스라엘 방문을 통해 확실히 깨달을 수 있었습니다.

　최근 사립유치원의 비리 문제로 온 나라가 떠들썩 했었습니다. 그러나 교육의 제도나 방식, 비리 보다 더 큰 문제는 우리 자녀들에게 가장 중요한 삶의 철학을 가르치지 못하고 있다는 사실입니다. 요즘 젊은이들에게는 꿈과 희망이 목적이 아니고 돈과 출세가 인생의 목표가 되고 있습니다. 그러다보니 교육적 가치관이 무너져 버렸습니다.

　자녀교육은 그 중심에 하나님 말씀이 있을 때, 온전한 인격체로 성장할 수 있습니다. 자식은 결코 부모의 뜻대로만 되지 않습니다. 그렇기에 자녀를 기르시는 분은 하나님이시라 고백해야 합니다.

　하나님의 존귀한 자녀인 아이들에게 믿음을 키워주며 바르게 자랄 수 있도록 늘 기도하고 성령의 인도하심을 구하는 것이 중요하다는 생각을 해 봅니다. 이 때 '신앙과 삶에 모두 성공하는 자녀'가 될 수 있을 것이라 생각됩니다.

기독교에서 바라보는 교육의 목적은 하나님에게 영광을 돌리고 모든 생활영역에서 하나님의 가르침을 실천하고 이를 통해 세상 속에서 그리스도의 복음을 전하는 것입니다.

기독교인에게 신앙과 삶은 나뉘어질 수 없는 하나입니다. 이런 점에서 기독교인의 바른 교육은 자녀들에게 좋으신 하나님에 대한 바른 이해 속에 바른 관계를 맺고 성경적 가치관으로 사물을 바라볼 수 있는 시야를 열어주는 것입니다. 이것은 하나님이 주시는 지혜와 명철로 깨달을 수 있고 삶으로도 이어져야 합니다.

우리 모든 삶의 영역에서 하나님의 지혜가 임하고 바른 기독교 교육이 실천될 수 있길 간절히 희망합니다. 감사합니다.

"내 아들아 네 아비의 명령을 지키며 네 어미의 법을 떠나지 말고
그것을 항상 네 마음에 새기며 네 목에 매라 그것이 네가 다닐 때에
너를 인도하며 네가 잘 때에 너를 보호하며 네가 깰 때에 너와 더불어 말하리니
대저 명령은 등불이요 법은 빛이요 훈계의 책망은 곧 생명의 길이라"(잠6:20-23)

믿음으로 사는 인생

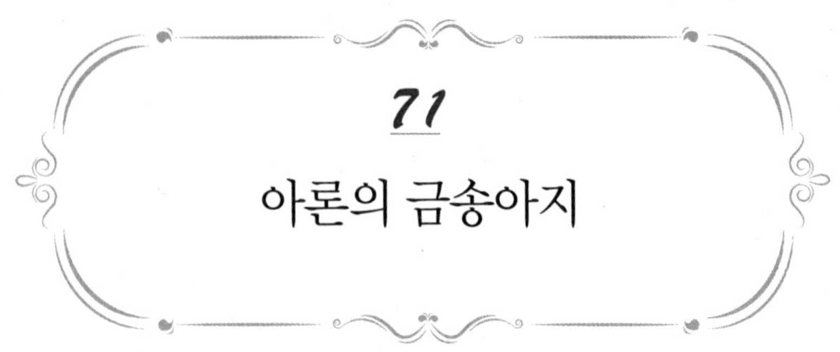

아론의 금송아지

크리스천들도 황금만능주의 빠져 인생의 모든 목표를 물질적인 것에 세워놓고 이것이 하나님의 뜻이라고 생각하고 믿고 따르는 신자들이 많습니다.

신앙인이라면 구약성경 출애굽기에 등장하는 아론의 금송아지 사건을 대부분 잘 아실 것입니다.

모세가 산에서 내려오는 것이 늦어지자 걱정하던 이스라엘 백성들이 아론에게 우리를 인도할 신을 만들라고 합니다. 그러자 아론은 아내와 자녀의 귀에서 금고리를 빼어 가져오라고 해 송아지 형상을 만들게 됩니다. 그리고 '이것이 애굽땅에서 너희를 인도해낸 신'이라고 말하고 내일은 여호와의 절일이라고 선언합니다.

저는 출애굽기 32장에 나오는 이 성경말씀을 읽으며 상식적으로 이해하기가 힘들었습니다. 어떻게 이런 일이 가능한지 의아했고 또 이런 일을 행한 이스라엘 백성들이 사실일지 의아했습니다.

이스라엘 백성은 하나님의 능력을 홍해를 건너면서 체험했습니다. 애굽을 빠져 나오기까지 10가지 재앙이 임하도록 하나님께서 역사하신 것을 보았습니다. 그 전능하심을 목격했습니다.

그런데 어떻게 그런 이스라엘 백성들이 순식간에 하나님을 배반하고 금송아지를 만들고 거짓으로 이 송아지가 하나님이라고 백성을 속이고 애굽식으로 우상을 숭배하며 먹고 마시고 뛰놀 수 있었을까요.

하나님을 배반하는데 제사장이 앞장서고 백성은 금을 바쳐서 하나님이 제일 싫어하는 우상을 만들고 이것이 하나님이라 모두 믿고 나간 것입니다. 결국 모세가 십계명이 적힌 돌판을 금송아지 위에 던질 때 하나님과의 언약이 깨어지는 것을 성경을 통해 보게 됩니다.

우리는 이 모습을 보면서 우리 인간이 얼마나 나약하고 불완전한 존재인지를 깨닫게 됩니다. 얼마 전 보고 체험한 놀라운 사실 조차 새로운 불안감 앞에서 잊혀져 버리는 것이 인간의 속성입니다.

지금 우리 신앙인들 조차도 지극히 일부이긴 하겠지만 속된 물량주의와 기복신앙, 이단종파, 동성애 인정 등 잘못된 길을 걷고 있는 이들이 많습니다. 우리는 이들을 잘 살펴보고 또 영적으로 바르게 돌이킬 수 있도록 해 주어야 한다는 생각을 해 봅니다.

크리스천들도 황금만능주의 빠져 인생의 모든 목표를 물질적인 것에 세워놓고 이것이 하나님의 뜻이라고 생각하고 믿고 따르는 신자들이 많습니다. 자신이 잘못된 길을 가고 있는지조차 모른 체 가는 이들을 불쌍히 여기고 바르게 인도해야 할 책임이 우리에게 있습니다.

우리 모두 어떠한 상황이 오더라도 전능하신 하나님께 전적으로 의지하고 하나님의 음성에 귀기울인 모세와 같은 신앙을 가질 수 있기를 간절히 간구해야 할 것입니다. 감사합니다.

72

축복받은 대한민국

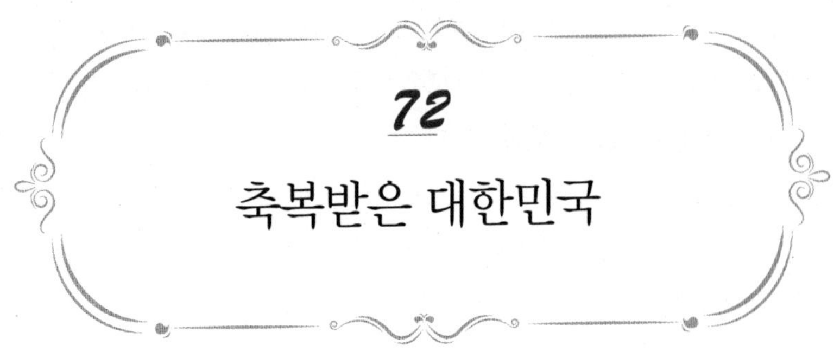

저는 기독교인으로서 늘 마음 속에 감사함으로 간직하고 있는 것이 있습니다. 그것은 조선 말기 어두웠던 시절, 미국 등 세계 선진국에서 엘리트 선교사들이 당시 미지의 나라였던 조선에 들어와 병원과 학교를 설립하고, 농업 기술을 전파해 대한민국 건설의 디딤돌을 놓았다는 사실입니다.

이 뿐만이 아닙니다. 스포츠, 음악, 미술 등 우리가 누리는 대부분의 문화 기반을 선교사들이 전파했다는 사실을 아는 크리스천이 많지 않습니다.

저는 이 모든 것이 하나님의 계획으로 이뤄진 것이라고 생각합니다. 그래서 애국가 가사인 "하나님이 보우하사 우리나라 만세"라는 구절이 늘 제 가슴에 뭉클하게 와 닿습니다.

서양에서 온 파란눈의 선교사들은 이 땅의 억압받던 여성들의 권익을 높였고 가난한 사람들에게 부요를 선물했습니다. 머슴도 나라의 우두머리가 될 수 있도록 일깨워 주었습니다. 낯설고 물설은 빈곤의 땅에서 이 분들의 보여준 헌신과 사랑은 작은 한반도 코리아를 완전히 바꾸어 놓았습니다.

우리나라의 역사를 살펴보면 또 특별한 것 한 가지를 발견합니다. 바로 대한민국의 개헌 국회가 이승만 박사의 기도로 시작했다는 사실입니다. 이승만 박사는 미국에서 유학한 크리스천이자 초대대통령으로 기독교 신앙이 대한민국 건국에 같이하고 있다는 점입니다.

그러므로 우리가 이 대한민국을 사랑하지 않는다면 어느 나라를 사랑할 수 있겠습니까? 최근 하나님의 나라를 꿈꾸었던 3.1 운동 주역들의 생각이 담긴 문헌이 발견된 것을 보았습니다. 하나님의 나라 미국의 청교도들이 꿈꾸었던 새로운 하나님 중심의 나라, 그들이 보낸 선교사들에 의해 이루어지길 바란 나라가 바로 한국인 것을 우리 기독교인들은 결코 잊어서는 안될 것입니다.

또 한 가지 우리나라가 처음 받았던 기독교는 자유주의 신학이 아닌 복음주의 신학이었습니다. 하나님을 경외하며 오직 성경에 뿌리를 두는 복음주의 신학이 초기 기독교 신앙의 내면에 깊이 간직되어 있음을 다시 한번 기억해야 합니다.

그러므로 우리는 하나님의 나라를 이루고자 했던 우리 신앙 선조들의 뜻을 이어받아 하나님이 지배하시는 나라를 만들 책임이 있습니다.

대한민국은 하나님의 축복을 받은 나라입니다. 우리 기독교인들은 늘 하나님 앞에 우리 교회가 잘못한 일들을 회개하고 간절히 기도함으로 하나님이 기뻐하시는 대한민국으로 만들어 나가야 할 것입니다.감사합니다.

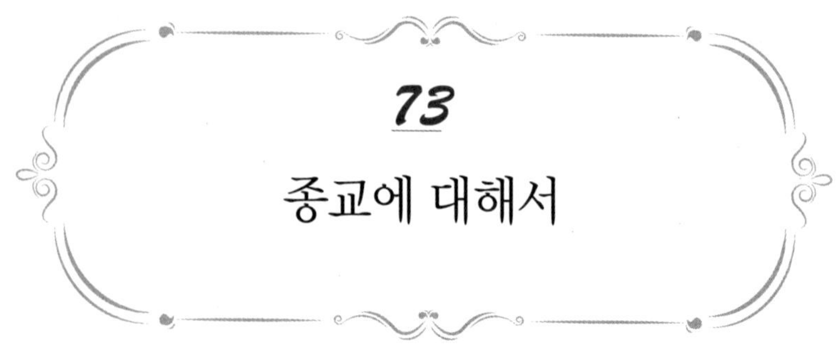

기독교는 예수님 이외에는 구원이 없다는 확신을 가져야 하는 믿음의 종교입니다. 이 사실을 전파하는 것이야말로 우리 기독교인의 사명입니다.

오늘은 우리가 갖고 있는 신앙, 종교에 대해 이야기를 해 보려고 합니다. 얼마 전 저는 오랜만에 해외에서 열린 제약박람회에 참석했습니다. 다양한 인종의 바이어들이 모여 사업을 구상하며, 저마다 돈을 벌기 위해 눈빛을 반짝이는 것을 느낄 수 있었습니다.

참으로 많은 사람들을 보면서 이들이 믿고 있는 종교와 그들의 정체성에 관심이 갔습니다. 이 많은 사업가들이 믿고 있는 신념은 무엇인지, 무엇을 위해 이토록 동분서주하고 있는지 궁금했던 것입니다.

우리는 유대인, 무슬림, 기독교인, 불교인 등 각종 종교를 믿고 있는 사람들도 있지만, 종교를 어리석게 생각하며 오로지 돈만 쫓아 사는 무신론자들도 많습니다.

저는 이 박람회에서 프랑스에서 왔다는 한 분을 만나 저녁식사를 하며 대화를 나눴습니다. 그의 국적은 영국인데 태어난 조국은 레바논이고 거주하며 사업을 하는 곳은 프랑스라고 했습니다. 자신은 영국에서 박사 학위를 취득했으나, 자녀들은 프랑스에서 교육을 받고 있다고 합니다.

무슬림인 그는 지금이 라마단 기간이기에 물도 식사도 모두 삼간다고 했습니다. 라마단 기간 한 달 동안 저녁에만 식사하며 신앙의 규율을 따른다고 했습니다. 최고의 교육을 받고 최상의 생활을 하면서도 종교는 그의 삶을 지배하고 있었습니다.

저는 이 프랑스에서 온 무슬림에게 넌지시 기독교 복음을 전해 보았지만 그저 웃기만 했습니다. 서로가 서로를 인정해 주며 그냥 평화롭게 지내자는 느낌을 받았습니다. 좋은 게 좋은 것이라는 것입니다.

극렬 무슬림을 좋아하지 않는다는 그에게서 종교는 신앙이 아니라 그냥 조상이 물려준 유산 정도로 여기는 것을 분명히 보았습니다. 그가 자신을 무슬림이라 생각하고 아무리 라마단 기간을 철저히 지켜도 그에겐 종교보다 생활이 훨씬 더 중요했습니다.

우리 기독교인들 중에도 이런 사람들이 많습니다. 기독교인이라지만 종교를 그저 장신구처럼 여길 뿐입니다. 교회를 가서 예배를 드리지만 마음에 그리스도로 인한 뜨거움이 없습니다.

기독교는 예수님 이외에는 구원이 없다는 확신을 가져야 하는 믿음의 종교입니다. 이 사실을 전파하는 것이야말로 우리 기독교인의 사명입니다. 혼탁한 종교 세계에서 자신의 신앙관을 분명히 확립하고 있지 않으면 순식간에 우리는 세속의 물결에 떠 내려가고 맙니다.

그러므로 우리는 성경을 꼭 붙잡고 믿음이 흔들리지 않도록 늘 기도해야 할 것입니다. 감사합니다.

74

점점 힘들어지는 복음전파

아직 세계적으로 전통신앙을 유지하고 있는 대한민국이 세계 2위 선교사 파송국으로 그 책임과 역할을 다해주길 바라는 마음입니다.

여러분들도 뉴스를 통해 들으셨겠지만 미국 트럼프 대통령이 예루살렘을 이스라엘의 수도로 인종한다는 발표가 있을 후 팔레스타인 계, 즉 이슬람권 신자들을 중심한 인근 중동국가들이 엄청난 분노를 표출하고 있습니다.

이처럼 이슬람의 세력이 시시각각으로 엄청난 경제력과 힘을 무기삼아 세계를 휩쓸고 있습니다. 여기에 한국도 결코 사각지대가 아닙니다.

우리는 이처럼 점점 많은 사건이 이어지고 시시각각 변화되는 빠른 시대를 살아가고 있습니다. 우리나라 역시 동성애자가 보호 받는 법률도 제정되고, 동성애가 나쁘다고 이야기하면 인권침해로 법률적 제재를 받는 나라가 되어가고 있습니다. 동성애는 하나님의 창조 질서를 배반하는 일이라는 것이 많은 신학자들의 생각이지만 대중의 지지를 얻지 못하고 있습니다.

미국의 경우 건강보험법을 만들면서 이마나 손에 칩을 이식받는 법을 만들려 하고 있고, 일부 주에서는 학교에서 성경을 가르치지 못하게 개정을 한다고 합니다. 심지어 길에서 전도하는 것도 타 종교에 대한 압박이라고 규정하며 금지시킨 주도 있습니다. 그리고 최근에는 그리스도에게만 구원이 있다고 주장하는 자들을 B급 테러 위험자라고 규정하는 주도 있었습니다. 정말 놀라지 않을 수 없습니다.

미국은 청교도들이 신앙의 자유를 찾아 태풍을 뚫고 가 목숨을 걸고 터전을 세운 나라입니다. 자신의 집보다도 우선해서 교회를 지었으며, 그 후에는 학교를 짓고, 그 다음에야 자신들의 집을 세운 기독교 국가입니다. 하나님 말씀 아래 키우려고 대학을 세우고 헌법을 만들었습니다. 그 신앙을 우리 한국에 선교사를 보내 전해주어, 한국도 기독교 국가에 버금가는 신앙의 나라가 되었습니다.

그런 미국이 이렇게 변했으니 참으로 안타깝고 복음전파 역시 너무나 힘든 때가 되어 버렸습니다. 이제 미국에서는 전통 신앙이 박해 받는 시대가 올지 모른다는 우려마저 들 정도입니다.

그나마 한국은 위협은 받지만 미국이 당면한 우려까지는 아니어서 마음은 좀 놓이지만 그렇다고 안심할 수 있는 단계는 아닙니다. 아직 세계적으로 전통신앙을 유지하고 있는 대한민국이 세계 2위 선교사 파송국으로 그 책임과 역할을 다해주길 바라는 마음입니다.

그래서 한국이 세계 속에서 위협 당하고 있는 전통 기독교 신앙인들이 더 이상 물러서지 않고 자신있게 복음을 전하고 하늘나라의 의를 전파하는데 앞장서도록 도와야 할 것입니다.

그래서 우리 모두 '하나님, 우리가 진리로부터 벗어나지 않게 지켜주시옵시고, 그리스도 이외에는 구원이 없다는 고백을 내 입술에서 빼앗아 가지 못하도록 악한 세력으로부터 지켜주시옵소서'라고 기도했으면 합니다. 감사합니다.

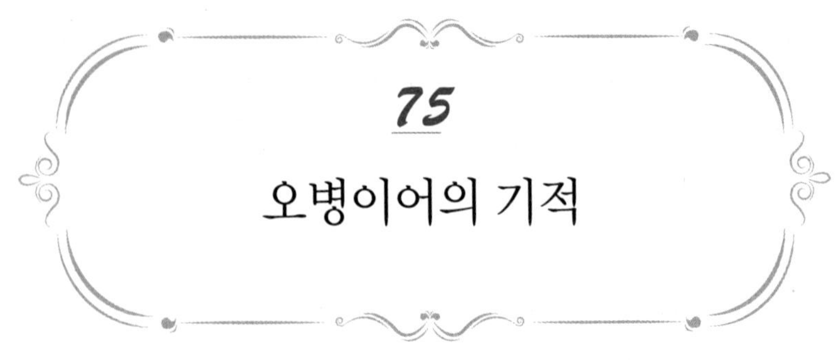

75

오병이어의 기적

나 내 것이 소중하면 남의 것도 소중합니다. 그러기 위해서는
내가 먼저 희생을 하고 섬기고 나누면 그것을 보고 사람들이
본을 받고 따라오게 되는 것입니다.

크리스천이라면 성경에 등장하는 오병이어의 기적을 모르는 사람이 없을 것입니다. 오늘은 조그만 자기희생이 큰 열매를 맺는다는 이야기를 하고 싶습니다.

회사나 가게나 모든 운영은 결국 직원들, 사람이 하는 것입니다. 따라서 회사나 가게가 잘 되느냐 못 되느냐는 문제도 결국 사람들 간의 관계에서 결정됩니다. 회사의 좋은 분위기는 사람들끼리 좋은 감정으로 서로 협력해 나가면 자연스럽게 조성되는 것입니다.

오래 전입니다. 저희 회사 생산파트 중에서 좀 유별난 부서가 있었습니다. 이 부서는 각자 부원들 개성이 강해 좀처럼 화합이 잘 안 되었습니다. 부서장은 늘 부서의 단합을 강조했지만 결과가 신통치 않았습니다. 회사는 새로운 부서장을 임명해 분위기를 쇄신해 보려 했지만 좀처럼 바뀌지 않았습니다.

그런데 우연히 점심식사 시간에 신임 부서장이 "옛날 '도시락 속의 달걀 부침은 내가 가장 좋아했던 음식"이라고 이야기를 꺼냈습니다. 이 대화가 발단이 되어 직원 모두가 도시락 달걀에 담긴 추억담을 주고받았습니다. 요즘은 달걀이 흔하지만 옛날에는 대부분 가난해 어느 정도 여유가 있어야 달걀부침을 도시락 반찬으로 싸왔기 때문입니다.

그런데 다음날 신입여직원이 삶은 달걀 수십개를 갖고 와 전 부서원에게 두 개씩 나누어 주었습니다. 아침을 거른 직원이 많아 어제 대화를 기억하며 모두들 맛있게 먹었습니다. 부서원들은 달걀을 먹으며 신입 여직원에 고마움을 느끼는 동시에 무언가 끈끈한 동질감을 느꼈다고 합니다.

그런데 그 뒤 변화가 일어났습니다. 이미 자리를 잡은 고참 직원들은 자신이 알고 있는 기술을 친절하게 부원들에게 잘 설명해줬고 이를 본 신입사원들도 선배 직원들을 깍듯하게 잘 따르며 화기애애한 부서가 되었다고 합니다. 달걀 몇 개가 부서의 분위기를 바꾼 것입니다.

사장과 간부들이 아무리 설득하고 변화시키려 해도 움직이지 않던 현장 부서 직원들 마음의 문이 한 신입 여직원의 조그만 자기희생을 통해 활짝 열린 것입니다.

사실 내 것을 조금만 내어 놓으면 우리는 주변을 훈훈하게 만들 수 있습니다. 물고기 두 마리와 보리떡 다섯 덩이를 내놓은 어린이의 마음이 5000명의 배고픈 사람을 배불리 먹였다는 오병이어의 기적은 오늘날 우리 사회에서도 다시 요구되는 기적이 아닐 수 없습니다.

많은 사람들이 내 것을 움켜진 채 남의 것을 더 내어 놓아 나누자고 합니다. 많은데 왜 내놓지 않느냐고 합니다. 그러나 내 것이 소중하면 남의 것도 소중합니다. 그러기 위해서는 내가 먼저 희생을 하고 섬기고 나누면 그것을 보고 사람들이 본을 받고 따라오게 되는 것입니다.

성경은 우리에게 오리를 가자면 십리를 가고 속옷을 달라면 겉옷까지 주라고 가르칩니다. 그 정도 수준까진 이르지 못하더라도 내가 할 수 있는 범위에서 이웃을 섬기고 사랑하며 도움을 주는 신앙인이 되었으면 합니다. 감사합니다.

76

알찬 전도의 열매

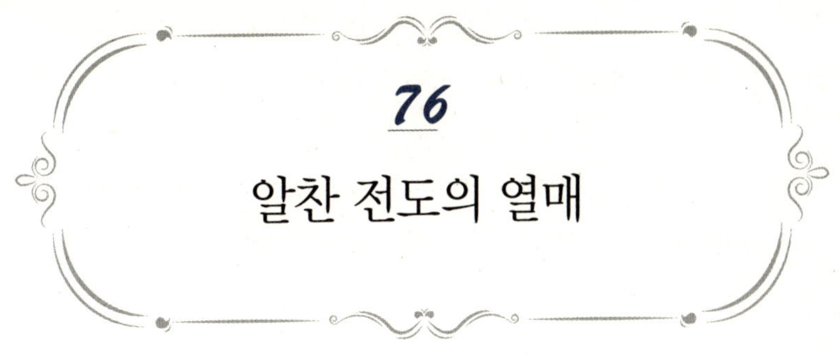

오늘은 크리스천이라면 하기 힘든 숙제처럼 여기는 '전도'에 대해 이야기 하고자 합니다.

10여년 전 대학교수 한 분이 자신에 다가온 어려운 문제에 대해 깊은 고민을 털어놓은 적이 있습니다. 나는 이 이야기를 듣고 이성적으로 접근하기보다 영적인 각도에서 생각하고 해결해 보자고 이야기했습니다. 그리고 차분하게 기독교 복음을 전했습니다.

교수는 내 말을 받아들였고 하나님께 간구하는 기도를 시작으로, 좋은 교회를 선정해 신앙생활을 시작하기로 했습니다. 이후 몇 개월이

지났고 새롭게 시작된 신앙생활을 이어가던 중 어려운 문제가 자연스럽게 풀리는 것을 발견한 교수는 깜짝 놀랐다고 합니다.

여기에 교회 다니던 것에 반대하던 교수의 부모님도 스스로 신앙을 찾고 계신 것을 보고 놀랐고 이후 좋은 교회를 찾아서 지금도 성도로서 착실하게 신앙생활을 하고 있습니다. 물론 부인과 자녀들도 모두 신앙인이 되었습니다.

어려운 가정 문제가 오히려 온 가족을 구원한 것입니다. 전도자 역할을 해 준 저로서는 너무나 흐뭇하고 기뻤습니다. 학구적인 교수이어서인지 성경 공부도 열심을 내고 있습니다.

하나님은 시련을 통해서 우리를 부르십니다. 그때 하나님께 연결시켜 주는 역할을 한 것이 결국 전도라는 열매로 연결되었고, 마침내 그 집안이 모두 구원받는 큰 경사가 난 것입니다.

우리가 전도를 목적으로 아주 큰 노력을 하지 않아도, 하나님이 예정한 사람은 하나님의 방법대로 구원하고 계시다는 것을 실증하는 일이었습니다.

우연한 일, 그리고 우연한 기회임에도 하나님의 말씀을 정확히 전달할 수만 있다면, 전도는 스스로 열매를 맺게 되어 있다는 생각을 해봅니다. 그리스도의 향기를 성령의 인도로 진실되게 전한다면 그것은 그리 어려운 일이 아닐 것입니다.

교회는 하나님을 믿고 신앙 관계를 설정하는 데 큰 역할을 합니다. 그러나 생활 속에서 전도하고 그리스도의 향기를 삶 속에 전파하여 어린 양들을 교회로 돌아오게 하는 것은 우리 성도들의 몫입니다. "너희의 착한 행실을 보고 하나님을 찬양케 하라"는 사도 바울의 말씀은 우리에게 주는 큰 교훈입니다.

다른 사람들로 하여금 내 삶의 모습을 보고 하나님을 찾게 한다면, 그보다 하나님께 기쁨을 드리는 일은 없을 것입니다. 이렇게 구원의 열매가 점차 커지면 선교는 훨씬 더 쉬워질 것이란 생각을 해 봅니다. 하나님께서는 오늘도 구원 받을 자들을 찾고 계십니다. 여기에 우리가 그 귀한 도구로 사용될 때 우리의 신앙생활은 더욱 의미있고 보람과 기쁨을 가져다 줄 것입니다. 이 거룩한 전도의 대열에 동참하는 저와 여러분이 되었으면 합니다. 감사합니다.

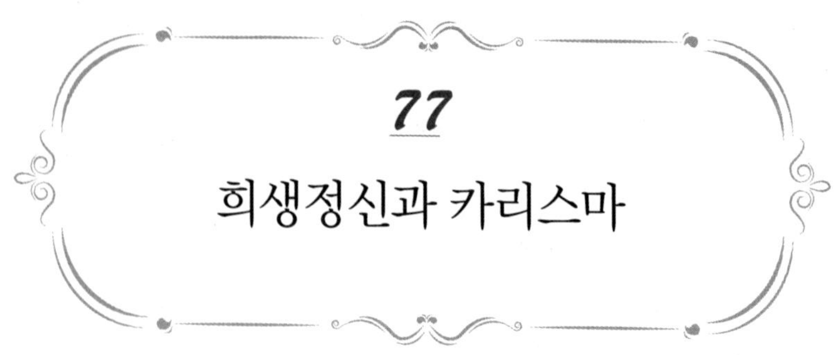

희생정신과 카리스마

진정한 교회지도자의 카리스마는 하나님의 말씀 위에 자기를
희생하는 자세가 필연적으로 뒤따라야 한다고 생각합니다.

하나님은 사람을 통해 역사하시며 우리의 구체적인 기도에 응답해
주시는 분이십니다. 이런 점에서 저는 기도의 사람, 믿음의 사람들에게
하나님께서 영적 카리스마를 선물로 주신다고 생각합니다.

카리스마란 지도자에게 요구되는 덕목입니다. 즉 '사람을 사로잡는
매력' 또는 '위압감'으로 설명될 수 있습니다. 이는 곧 지도자에 대한 존
경심으로 귀결됩니다. 과연 이러한 카리스마는 어디서부터 나오고 어떻
게 형성될까 생각해 보았습니다.

물론 카리스마를 천부적으로 타고난 사람도 있지만 신앙을 통해 후

천적으로 형성되는 경우를 목격하게 됩니다. 믿음만으로 모든 것이 해결되진 않습니다. 지도자가 되기 위해서는 업무에 대한 전문지식 습득이 필수입니다. 자신의 업무에 정통하여 그 능력을 인정받았을 때 사람들로부터 존경을 받을 수 있습니다.

또 정확한 목표를 설정한 후 확신을 가지고 사람을 대할 때 카리스마가 나타난다고 할 수 있습니다. 또한 변함 없는 확신과 더불어 항상 솔선수범할 때 주변의 모든 사람이 존경심을 가지고 따르게 마련입니다.

아주 오래전 제가 체험한 경우를 한번 말씀 드리겠습니다. ROTC 육군 소위로 임관한 저는 백암산 최전방부대에 투입됐습니다. 당시는 곳곳에서 간첩출현이 잦아 기동타격대 소대장으로 임명된 후 간첩 소탕작전을 수시로 수행하고 있었습니다.

그런데 하루는 부대 옆산에 간첩이 나타났다는 소식을 듣고 현장에 도착하니 밤 10시가 넘었습니다. 주변은 온통 캄캄한데 여기 저기서 총소리가 났습니다. 산 정상에서 귀를 찢는 듯한 총소리가 들리고 소대원들도 저 만큼이나 잔뜩 겁이 난 표정이었습니다. 저는 소대장으로서 노련한 선임 하사가 수색에 앞장서 줄 것을 제안했지만 평소에 그렇게 용감하던 하사도 정색을 하며 소대장인 저에게 앞장서라고 요청했습니다.

정말 무서웠지만 책임감이 무엇인지 갑자기 죽을 각오가 생기면서 앞장서서 산에 오르기 시작했습니다. 소대원들도 뒤따라왔습니다. 결국 간첩은 다른 산으로 도망갔고 우리는 교전없이 상황을 끝냈습니다. 그때를 생각하면 지금도 아찔합니다. 소대원들은 당당하게 앞장선 내 모습에 역시 소대장님이 다르다고 말했습니다.

이처럼 카리스마는 강한 희생정신을 가졌을 때 나온다는 생각이 듭니다. 이기적인 마음가짐과 남을 속이려는 마음은 어느 누구도 믿게 하지 못합니다. 스스로를 낮추고 남을 높이고 섬기며 봉사할 때 하나님께 사랑받고 인간에게도 존경받는 것이 아닐까 생각됩니다.

요즘은 기업가의 카리스마도 투명성과 더불어 청빈주의를 요구받고 있습니다. 이런 점에서 목회자는 더 말할 필요가 없습니다. 진정한 교회지도자의 카리스마는 하나님의 말씀 위에 자기를 희생하는 자세가 필연적으로 뒤따라야 한다고 생각합니다.

주변에 사회의 빛과 소금의 역할을 다하면서 하나님의 나라를 바르게 세우는, 카리스마 있는 목회자들이 많이 나오길 희망합니다. 진정 우리가 존경할 수 있는 희생과 헌신의 목회자가 많이 나와 주시길 진심으로 바랍니다. 그래서 기독교가 더욱 융성해지고 복음전도의 사명을 잘 할 수 있길 기대합니다. 감사합니다.

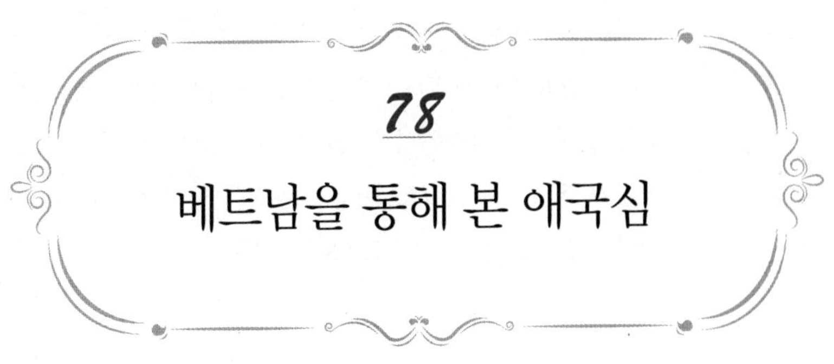

베트남을 통해 본 애국심

성경에 등장하는 위대한 인물들은 모두 애국자였습니다. 당면한 현실을 비관하지 않고 안타까워 하며 기도했습니다. 나라를 위해 눈물로 간구했습니다.

저는 지난 달 제가 운영하는 제약회사 베트남 공장으로 출장을 갔었습니다. 공항에 도착했는데 갑자기 20여년 전 제가 처음으로 베트남에 의약품을 수출하기 위해 호치민 공항에 왔을 때가 생각났습니다. 그 때 공항 화장실에 들렀는데 변기에 뚜껑이 아예 없고 시설이 얼마나 열악했던지 매우 황당해 했었습니다.

그러나 지금 베트남은 오토바이 대신 차량이 넘쳐나고, 고층 빌딩이 즐비한 풍요의 나라가 됐습니다. 방문할 때마다 변하는 스카이라인은 한국의 강남에 온 것 같은 느낌을 주곤 합니다. 경제가 급속도로 발전하고 있는 모습이 경이롭기까지 합니다.

삼성의 휴대전화 공장이 하노이 경제를 살렸고, 베트남에 IMF 위기가 왔을 때 삼성이 전체 수출의 20~30%를 담당했다며 저와 거래하는 현지 담당자의 삼성 칭송이 대단합니다. 삼성 가전제품 공장의 규모도 점점 커져 앞으로 빠른 시일 내에 하노이와 호치민을 합쳐 삼성이 고용하는 직원이 10만 명을 넘어설 것이라고 말하는 사람이 많습니다.

하지만 저는 기업인으로서 판단하면 베트남의 경제 정책이 삼성을 비롯한 한국 기업들을 베트남으로 쉽게 불러 들였다고 생각합니다. 법인세만 해도 한국은 25%인데 베트남은 15%입니다. 각종 세금 혜택도 많고 인건비도 한국이 다 합치면 월 300만원 정도지만 베트남은 30만원 가량입니다.

여기에 노조도 없는데다 근로자들이 열심히 일하기 때문에 생산성 역시 아주 높습니다. 한국 기업이 베트남에 진출하려는 것은 당연하다고 할 것입니다.

이런 현상을 현장에서 지켜 보면서 저는 한 가지 걱정거리가 생겼습니다. 한국 기업들이 자꾸 해외로 공장을 이전하면 우리나라 사람들의 일자리는 점점 줄어들 것이라는 우려 때문이었습니다.

정치가들은 세계정세를 판단해 경쟁력 있는 기업정책을 만드는 것이 중요합니다. 기업을 힘들게 하는 정책은 잘 생각해 보아야 합니다. 물론 기업과 재벌들이 개선하고 바뀌어져야 할 부분이 있지만 기업이 무조건 매도 당하는 현실은 참 안타깝습니다.

　세계 경제는 극심한 경쟁 사회로 들어서고 있습니다. 중국, 베트남, 인도는 우리를 맹추격하고 있으며 일본은 다시 일어서고 있습니다. 세계는 우리를 옥죄고 있는데 우리는 무엇을 해야 할 것인가 깊이 생각하지 않을 수 없습니다.

　이런 우리에게 무엇보다 애국심이 필요합니다. "우리나라는 안돼" "왜 이 모양이지"라고 폄하하고 지적할 것이 아니라 나라와 위정자들을 위해 기도하고 자신의 위치에서 최선을 다하는 것이 중요하다고 생각합니다.

　성경에 등장하는 위대한 인물들은 모두 애국자였습니다. 당면한 현실을 비관하지 않고 안타까워 하며 기도했습니다. 나라를 위해 눈물로 간구했습니다. 우리도 새롭게 시작한 새정부와 나라발전을 위해 간절히 기도했으면 합니다. 감사합니다.

79

"배아픈 거 보다 배고픈 것이 문제네요"

지금 우리는 하나님께 엎드려 회개할 때입니다. 이 땅에 하나님의 진노가 임하지 않게 해달라고 간절히 기도해야 한다고 생각합니다. 기도만이 살길입니다.

한 때 큰 이슈가 되었던 김영란법 이야기와 오늘 우리에게 가장 필요한 것이 기도임을 강조하려고 합니다. 김영란법이 발효되면서 많은 음식점과 화훼농가, 선물취급상점이 큰 타격을 입었습니다. 반면 김영란법으로 사회에 만연했던 부조리와 지나친 소비문화, 청탁문화가 사라질 것이라 기대하는 사람도 많았습니다.

어느 소상공인이 "김영란법으로 그동안 배아팠던 것은 해결되어 좋은데 대신 배고픈 것이 문제네요"라고 말했습니다. 본래 김영란법의 취지가 가난한 사람들과 사회적 약자를 돕기 위한 법인데 오히려 약자들을 지금 더 힘들게 만들었습니다.

시청 근처, 그리고 언론사와 대학 주변 음식점은 손님이 확연하게 줄었고, 대리운전 기사는 승객수가 줄어 생활하기 힘들다고 합니다. 공무원들은 아예 사람 만나는 것을 꺼리고 대학 교수들은 사제 간의 정을 포기했다고 합니다.

만남을 통해 생산적이고 진취적인 아이디어가 나오게 됩니다. 다양한 직군의 사람들과 대화를 통해 창조적인 사업과 의견을 나누면서 사회가 발전하고 기업을 활성화시킬 수 있습니다.

그러나 소통이 단절되면 지식과 경험의 한계에 부딪치게 됩니다. 어느 대학교수가 김영란법은 대한민국 엘리트 층 300만 명의 소통을 막고 스스로를 잠정적 범죄자로 느끼게 했다는 표현이 와 닿는 것은 나만의 생각인지 모르겠습니다.

기업인으로서 아무도 믿으려 하지 않고, 사회가 움츠러들고 있는 것이 무척 안타깝습니다. 사업도 더 크게 해 일자리를 늘이고 일도 욕심껏 하던 시절이 오히려 그리워집니다. 경영학에선 이를 기업가의 도전정신이라고 합니다. 예전에는 계열사가 4~5년 정도 적자가 나더라도 본사에서 지원을 해줘 어떻게든 도전할 수 있었는데 요즘은 배임죄나 횡령죄에 해당되어 지원이 안됩니다.

한국의 경제는 지금 빨간불입니다. 미국 금리가 인상되면 투기자본이 빠져 나가면서 외환 사정도 불투명해질 것입니다. 요즘 기업하는 사람은 밤잠을 설치고 있습니다.

그런데 시국은 심각한 상황입니다. 국민은 과연 누구를 믿고 생업을 이어가야 하는지 고통스럽습니다. 이 외중에도 노조는 임금인상을 내걸고 파업과 시위를 하고 있고 북한은 연일 핵미사일 실험을 하며 우리를 위협하는데 우린 여전히 이념논쟁을 하고 있습니다.

역사를 주관하시는 분은 하나님이십니다. 작금의 모든 상황은 교회가 바로 서지 못하고 하나님 앞에 죄를 지었기에 일어난 일이라고 기독교인은 돌이켜 보아야 할 것입니다. 교인들이 빛과 소금의 역할을 제대로 못했기 때문에 생긴 일이라고 반성해야 할 것입니다.

지금 우리는 하나님께 엎드려 회개할 때입니다. 이 땅에 하나님의 진노가 임하지 않게 해달라고 간절히 기도해야 한다고 생각합니다. 기도만이 살길입니다.

기독교인은 오늘부터 하나님의 도우심으로 사회 정치가 안정되고 경제가 회복되도록 나라와 민족을 위한 기도를 시작했으면 합니다. 감사합니다.

80

하나님의 뜻이 회사에서
이루어지게 하옵소서

미국 LA의 어느 사업가는 신앙생활을 철저히 하고 교회에 봉사하는 장로님인데도 직원들의 임금이나 복지 등에 인색해 그 직원들의 전도를 막고 있다는 이야기를 들은 적이 있습니다.

저는 크리스천 기업인으로서 기도할 때 '하나님의 뜻이 이 땅에 이루어지게 해 주옵소서'라고 자주 기도하곤 했습니다.

그러나 어느 날 다시 생각해보니 이 기도는 마음속 깊이 와 닿는 기도가 아니라 그저 형식적인 미사여구로 '이 땅'이라는 말을 자주 사용한 것을 알 수 있었습니다. 그러다 문득 이런 생각이 들었습니다.

바로 하나님의 나라가 '우리 회사'에 이루어지게 하는 것이 바로 내가 해야 할 임무임을 깨닫게 된 것입니다.

많은 기독 실업인들이 깊은 신앙생활을 하고 교회에 봉사하며 전도 도 많이 합니다. 기적 체험을 간증하는 것을 들은 적도 많습니다. 그 러나 이러한 하나님의 은혜를 통해 내가 속한 직장을 하나님의 나라로 잘 만들었다는 간증은 별로 들어본 적이 없습니다.

미국 LA의 어느 사업가는 신앙생활을 철저히 하고 교회에 봉사하는 장로님인데도 직원들의 임금이나 복지 등에 인색해 그 직원들의 전도를 막고 있다는 이야기를 들은 적이 있습니다.

기독 실업인이 전도하는 가장 좋은 방법은 자신의 직원들에게 인정 받고 존경받는 것이라고 생각합니다. 직원들로부터 인정받고 존경받지 않으면 하나님의 이름을 높이지 못하는 것일 것입니다.

회사에서 신우회 생활을 열심히 하고 예배를 열심히 드려도 인격적으 로 경영을 잘하지 못하면 오히려 역효과가 날 수 있습니다. 직장 상사 로서 부하 직원에게 그리스도의 향기를 느끼게 해주는 것이 더 중요합 니다. '저 사람 때문에라도 난 절대로 교회에 나가지 않겠다'고 말하는 사람이 있어선 안 될 것입니다.

기독교인의 정체성은 술을 안 마시고 예배드린다고 업무시간을 빠져 나가는 것이 중요하지 않습니다. 오히려 격조 높은 인격과 남들이 인정 하는 도덕성에 있습니다.

신앙과 삶이 일치하는 인격이 바로 야고보 사도가 말씀하시는 믿음의 실체일 것입니다. 믿음과 행위는 결코 다른 것이 아니며, 믿음이 있으면 자연히 좋은 행위가 따라온다는 설명입니다. 믿음이 있으면 좋은 행동으로 인해 자신이 속한 가정, 직장 그리고 사회가 하나님의 나라가 된다는 설명입니다.

회사를 운영하며 기독교인으로 사는 것이 쉬운 일은 아닙니다. 그리고 회사를 하나님의 나라로 만드는 것은 더더욱 힘든 일입니다. 그러므로 오늘도 '하나님의 뜻이 우리 회사에서 이루어지게 하여주시옵소서'라고 기도하지 않을 수 없습니다. 감사합니다.

상상나무와 함께 지식을 창출하고 미래를 바꾸어 나가길 원하는 분들의 참신한 원고를 기다립니다. 한 권의 책으로 탄생할 수 있는 기획과 원고가 있으신 분들은 연락처와 함께 이메일로 보내주세요.

이메일 : ssyc973@daum.net